Childcare Teacher Education

보육교사론

Preface

머리말

보육현장에서 영유아들을 보살피고 교육을 시키는 보육교직원으로서의 역할은 학교 수업에서 전문적인 지식으로 배웠을 때와 현장에서는 많은 차이가 나타날 수 있다. 그러한 경험은 예비 보육교사나 초보 보육교사인 경우 더욱 두드러지게 보인다. 이러한 어려움을 극복하고자, 보육교사들에게 필수적으로 인지하고 있어야 할 이론적인 지식이 현장에서 바로 적용될 수 있도록 하는 교재가 필요하다는 생각하에 이 책을 집필하고자 집필진들은 의견을 모았다. 어린이집과 유치원에서 교사나 원장으로서 실제적으로 필요한 내용이 무엇일까에 대한 고민을 하고 그 내용을 근거로 최대한 이론과 실제를 연결할 수 있는 방향으로 본 책을 구성하였다.

우리 사회에서 가장 큰 문제 중 하나인 저출산 해결을 위한 구체적인 방안에서 보육은 필수사항이다. 따라서 본 교재의 집필진들은 보육에서 중추적 역할을 수행하는 보육교사들의 전문성과 현장에서의 역량강화를 위해 보육교사로서 전문적인 지식과 기술에 대한 내용을 제공하고 교사의 사회적 책임 및 사명감을 증진시키는 데 도움이 되고자 하였다.

보육교사는 다른 어떤 직업군보다 매우 가치로운 역할을 감당한다고 생각한다. 어린 아이가 건강하고 행복한 성인으로 성장하기 위해서는 발달적으로 가장 민감한 시기에 어떠한 상호작용을 경험했느냐에 따라 좌우될 수 있다. 바로 이 민감한 시기의 상호작용에서 많은 부분을 담당하는 보육교사는 건강하고 행복한 시민사회를 구현하는 데 일조를 한다는 사명감을 가지고 임해야 할 것이다. 그러한 역할에 본 저서의 집필진들은 작은 부분이나마 도움이 되기를 바라는 마음을 담아 책을 만들었다. 현장에서 근무하는 보육교사들에게 한없는 응원과 사랑을 보낸다.

2017년 2월

저자 일동

Contents

차례

PART 1 보육교사직의 이해

CHAPTER

01

보육교사의 특성

1. 보육교사의 발달과 성장 | 2. 보육교사의 역할과 자질 | 3. 보육교사 직업윤리

CHAPTER 01

보육교사도 다른 직업군들처럼 발달과 성장단계를 거친다. 본 장에서는 캐츠(katz)의 발달단계를 중심으로 보육교사의 발달과 성장에 대해 설명하였다. 이와 더불어 보육교사의 역할을 수행하기 위해 요구되는 교사로서의 자질을 영유아의 발달단계에 맞춰 제시하였고, 개인적인 자질에 대해 기술하였다. 마지막으로 보육교사가 가져야 할 직업윤리에 대해 설명하였다.

1. 보육교사의 발달과 성장

보육교사의 발달단계에 대한 설명은 학자들마다 차이가 있다. 보육현장에서 각 교사들은 주어진 역할과 책임에 따라 고민과 기대가 있고 각기 다른 성장과 발달을 경험하게 된다. 보육교사의 발달과 성장이란 영유아와 마찬가지로 보육교사로서 경험을 통하여 교수법과 교육관, 가치와 철학, 직업과 관련한 여러 사건 등을 경험하면서 끊임없이 변화되어가는 것을 의미한다. 보육교사가 처음 임용되어 퇴직할 때까지의 발달과정은 보육교사가 그 이전에 어떤 교육을 받았고 자신의 영유아기 경험은 어떠하였는지 등 각각의 보육교사마다 개별성을 나타낸다. 보육교사의 발달과 성장은 다양한 개별화된 보육교사의 선택동기, 직전교육 및 교육실습기간, 실제 교육현장 입문 후 오랜 경험을 쌓아가는 과정과 단계를 탐구함으로써 어떤 과정과 단계를 거쳐 변화해 가는지 알아보는 작업이다. 본 장에서는 영유아의 양육과 교육을 담당하는 보육교사들의 발달단계를 논할 때 가장 많이 언급되는 캐츠Katz의 발달단계에 대해 살펴보겠다.

1) 1단계 : 생존기

교사가 된 후 첫 1년을 생존기라 한다. 보육교사 자격증 취득 이후 첫 담임교사로 부임하여 많은 다양한 경험을 하게 되는 시기이다. 이 시기에는 교사로서의 역할에 대한 고민도 많아지고 문제해결능력을 잘 발휘할 수 있는지가 생존 여부를 가늠할 수 있는 중요한 시기이므로 주위에서의 격려와 확신, 위로가 필요한 시기이다. 모든 교사가 첫 1년이 다 어려움을 겪는 시기라고 단정 지을 수는 없다. 어떤 경우는 매우 힘들고 어려운 시기로 경험되고, 다른 경우는 수월하게 이 시기를 지나가는 경우도 있다. 따라서 일률적인 지지나 지원보다는, 각 교사의 특징과 발달단계에 맞춰 적절한 지원이 필요하다고 볼 수 있다. 생존기 단계 교사의 경우에는 자신의 상황을 잘 이해해주고 정서적으로 동질감을 느낄 수 있는 구성원이 지지자가 되어 도움을 받는 것도 좋은 방법이다. 이와 더불어, 구체적인 교수방법, 교실운영 등에 대해 구체적인 가이드를 받는 것도 현명한 방법이다. 보육교사는 첫해 자신이 제일 어려울 수

표 1-1 발달단계별 관심사와 교육방법

구분	관심사	교사교육방법
1단계 (생존기)	일상적인 교실 상황에서의 생존 여부에 관심을 가짐	구체적인 상황 중심의 조언을 필요로 함
2단계 (강화기)	특정한 문제를 지닌 개별 영유아와 문제 상황에 관심을 가짐	경력이 많은 선배보육교사와 함께 특정한 문제 상황을 해결하는 방법에 대해서 탐구하는 과정을 필요로 함
3단계 (갱신기)	자신의 교육방법에 대해서 뒤돌아보고 새로운 교육적 접근에 관심을 가짐	새로운 보육 프로그램에 대한 학술세미나에 참석하거나 자신의 수업에 대한 평가 및 동료보육교사의 수업 참관을 통해서 도움을 받을 수 있음
4단계 (성숙기)	아동관, 보육의 목적 등 근본적인 질문에 관심을 가짐	학술대회나 세미나 참석, 대학원 진학, 폭넓은 독서 혹은 동료보육교사들과의 깊이 있는 토론을 원함

출처 : 조미영 외(2016).

있는 시기라는 것을 인식하고 자기가 도움받을 수 있는 지지자와 관련 학문 분야나 매체의 탐색도 필요하다. 다양한 수업 전략과 기술, 영유아발달에 관한 지식 등은 생존기를 견디고 다음 단계로 나아갈 수 있는 좋은 자원이다.

2) 2단계 : 강화기

보육교사 경력 3년 정도까지를 강화기로 말하는데, 이 시기는 어느 정도 교사로서의 역할에 자신감이 생기고 운영의 익숙함으로 인해 안정감도 느낄 수 있는 시기이다. 이 시기 교사들은 동료교사들과의 상호작용, 기존 경력교사들의 풍부한 경험 공유, 성장을 위해 전문가들과 재교육을 통한 지원이 필요하다. 캐츠(1990) 또한 강화기에는 동료 및 전문가와 상담가들의 조언이 도움이 될 수 있다고 하였다. 영유아들의 개별적인 문제행동지도와 부모상담, 이를 통한 문제해결 경험이 축적되어 가는 시기이다. 강화단계에서 보육교사는 자신이 잘 할 수 있는 교육 분야에서의 특성화를 만들고 전문가적인 자질을 발휘할 수 있도록 도약할 수 있다.

강화기 단계의 교사는 자기가 가장 잘 할 수 있는 수업 분야의 특성을 살려 교과과정을 구성할 수 있고 보다 전문가적인 특성을 갖춘 보육교사로서의 역할을 담당해 나가야 하는 시기이다. 예를 들어, 기존의 구성된 자료와 매체로 수업을 진행하

표 1-2 교직주기발달에 영향을 주는 요인

구분	범주	내용
개인적 요인	가정	가정 내 지원체제, 가정 내 역할 기대, 재정상태, 가족 수, 가족들의 특별한 요구
	긍정적 사건	결혼, 자녀의 출생
	위기적 사건	사랑하는 사람의 병이나 사망, 자신의 병, 재정적 손실이나 법률적 문제, 이혼, 가정 내의 핍박, 친구나 친척의 어려움
	개인적 경험	교육적 배경, 자녀와의 경험, 유아교육기관 이외의 개인적인 일, 다양한 교직활동, 전문적 발달을 위한 활동
	개인적 관심사	취미, 종교활동, 자원봉사활동, 여행, 스포츠와 체력관리
	개인적 성향	개인의 목표와 포부, 개인의 가치관, 인생에서의 우선순위, 다른 사람과의 관계, 지역사회에 대한 느낌
조직적 요인	기관규정	인사정책, 종신 임용제도 자격요건, 교육과정 운영의 자율성, 맡은 유아들의 연령
	기관경영 형태	분위기, 교육철학의 일치 정도, 의사소통방식
	신뢰감	후원적인 분위기, 교사에 대한 신뢰, 재정적인 후원
	유아교육기관에 대한 사회적 기대	유아교사에 대한 사회적 이미지, 유아교육기관과 관련된 법령
	전문단체	관련 학회의 방향, 학회에서의 활동 및 참여, 학회에서 제공하는 정보
	교원노조	후원적인 분위기, 보호 및 안정감, 교육위원회 및 교육행정가와의 관계

출처 : 조미영 외(2016).

고 있었다면, 본인이 잘 할 수 있는 분야예를 들어, 멀티미디어 활용, 동작, 음악, 미술 등를 추가로 교과과정에 가미하여 영유아들에게 좀 더 다양하고 색다른 교육 경험을 할 수 있도록 역량을 발휘하는 것이다. 이를 통해 교사와 영유아 모두 교육활동시간이 매우 기다려지고 보람과 성취감을 느낄 수 있는 즐거운 시간이 될 수 있으며 모두가 성장할 수 있는 보람 있는 과정이 될 수 있다.

3) 3단계 : 갱신기

보육교사로서의 역할이 3, 4년 지나게 되면 반복되는 일상에 어려움을 경험할 수 있다. 기존에 해왔던 교육방법이나 상호작용과정이 조금 싫증이 날 수도 있고 새로

멘토링과 보육교사의 전문성발달

멘토링은 자식과 경험을 가지고 있는 사람이 멘토가 되어 도움을 필요로 하는 사람이 지속적으로 발전할 수 있도록 지원하는 것으로 전문성을 충분히 갖춘 교사가 후배교사에게 모델링이 되어 주고 교수학습방법에 대한 지원뿐만 아니라 정서적인 지원을 함께 제공함으로써 교사의 전문성이 향상되도록 돕는 과정이다. 우리나라 보육교사들은 경력에 상관없이 멘토링 참여의사가 높으며 경력이 낮을수록 인간관계에 기초하여 교사 자질 향상을 위한 멘토링을 필요로 하는 것으로 나타났다. 또한 멘토링에 참여하기 이전에는 보육 프로그램에 대한 명확한 개념을 형성하지 못한 보육교사들이 멘토링에 참여한 이후에는 보육 프로그램에 대한 이해와 수행능력이 향상된 것으로 보고되어 개별교사의 관심사를 반영한 교사교육이 필요함을 알 수 있다.

출처 : 성미영 외(2015).

운 것에 대한 호기심이 생기게 되는 시기이다. 이 단계는 교사로서의 자기반성적 성찰을 통해 도약하거나 퇴보되는 갈림길에 서 있다고 볼 수 있다. 좀 더 새로운 교수방법을 위해 외부 교육기관에서 교육을 받거나 새로운 매체를 익히기 위한 실습과정을 통해 많은 것을 배우고 경험할 수 있다. 이를 통해 새로운 아이디어를 생각해내고 교육현장에 적용시킬 수 있는 능력을 갖추게 된다.

경력이 쌓이는 교사는 교사의 전문성을 위해 끊임없이 배우는 자세로 노력하는 과정이 필요하고 자신의 관심사가 발달단계에 따라 진일보하고 있는지 체크해야 한다. 갱신기의 발달과업은, 질적으로 향상된 보육현장을 위해서 교사의 재교육과 각 발달단계에 맞는 교사 지원이 필요함을 시사하는 매우 중요한 단계로 볼 수 있다.

4) 4단계 : 성숙기

보육교사로서 역할을 수행한 지 5년 이후가 되면 성숙기에 진입한 것으로 볼 수 있다. 이 시기는 자신만의 철학, 교육과정의 본질 등 나름대로의 시각이 생기는 단계이다. 모든 보육교사가 시간이 지났다고 다 성숙기에 도달하는 것은 아니다. 교사의 관심사와 교사로서의 발전을 위해 끊임없이 노력하고 연구해온 교사들인 경우에

표 1-3 캐츠가 제안한 보육교사의 관심사 발달에 따른 교사교육방법

단계	1단계 : 생존단계	2단계 : 강화단계	3단계 : 갱신단계	4단계 : 성숙단계
관심사	일상적인 교실 상황에서의 생존 여부에 관심을 가짐	특정한 문제를 지닌 개별 영유아와 문제 상황에 관심을 가짐	자신의 교육방법에 대해 뒤돌아보고 새로운 교육적 접근에 관심을 가짐	아동관과 보육의 목적 등 근본적인 질문에 관심을 가짐
교사 교육 방법	구체적인 상황 중심의 조언이 필요함	경력이 많은 선배 보육교사와 함께 특정한 문제 상황을 해결하는 방법에 대해서 탐구하는 과정이 필요함	새로운 보육 프로그램에 대한 학술 세미나에 참석하거나 자신의 수업에 대한 평가 및 동료보육교사의 수업참관을 통해서 도움을 받음	학술대회나 세미나 참석, 대학원 진학, 폭넓은 독서, 혹은 동료 보육교사들과의 깊이 있는 토론이 필요함

출처 : 문혁준 외(2014).

해당하는 것이다. 이 단계에 이르면 교사로서 자신감과 숙달된 경험을 통한 안정감을 갖추게 된다. 자신의 경험을 조직화하여 후배 교사들을 가이드해줄 수 있고 부족한 부분에 대해서는 자율적으로 채워나갈 수 있으며 자신만의 교육철학을 교육과정에 반영하여 교수활동을 진행하기도 한다. 또한 문제에 직면했을 때 나름대로의 문제해결방식도 가지고 있다. 이 시기 보육교사들은 자신의 현재에 안주하기보다는, 전문성 신장을 위해 학술세미나 참여나 워크숍, 대학원 진학 등을 통해 좀 더 깊이 있는 지식과 교사로서의 역량을 향상시켜나가는 것에 초점을 주어야 한다.

2. 보육교사의 역할과 자질

사전적 의미의 역할은 자기가 마땅히 하여야 할 맡은 바 직책이나 임무, 구실, 소임 등을 말한다. 따라서 보육현장에서 어린 영유아를 보살피고 교육하는 교사들의 역할은 다른 직군에서 활동하는 직업인들과는 차별화된 역할을 수행하게 된다. 본 장에서는 현대사회에서 국가의 존립 자체에 영향을 주는 출산율과도 밀접한 관련이 있는 보육교사의 역할에 대해 살펴보겠다. 이와 더불어 보육교사의 역할을 수행하기 위해 기본적으로 요구되는 교사로서의 자질에 대해서도 알아보고자 한다.

1) 보육교사의 역할

일반적으로 보육교사에게 기대하는 역할은 보호와 양육을 목적으로 하는 보호자의 역할과 사회적으로 필요한 교육을 목적으로 하는 교육자의 역할로 설명될 수 있다. 본래 보호와 양육은 가정에서 주 양육자의 역할로 규정되어 온 것이 사실이나 지금의 시대는 여성도 경제적 활동을 하지 않으면 안 되는 사회가 도래하였기 때문에 가정에서 담당한 주 양육자의 역할을 사회가 담당하게 되면서 보육교사가 보호자의 역할을 담당하게 되었다.

(1) 발달단계에 따른 보육교사의 역할

① 영아를 담당하는 보육교사의 역할

출생 후 1세 미만을 양육기관에 맡기는 경우가 많아진 한국사회에서의 보육교사는 그 역할이 매우 중요해졌다고 볼 수 있다. 이 시기는 아동발달에서 가장 중요한 애착 형성의 결정적 시기이므로, 특히 영아의 반응에 매우 세심하게 반응을 해주는 중요한 역할을 수행해야 한다. 안정애착 형성을 이루기 위해서는 아동의 요구를 즉각적이고 일관되게 반응해주는 것이 필수요소이므로 민감한 양육에 대한 기본지식과 영아를 대하는 태도가 준비되어야 한다. 보육교사와 영아 간의 안정애착 형성은 부모와의 애착 형성과는 별개의 문제이지만 부모와 불안정한 애착을 형성한 영아인 경우 보육교사와 안정 애착을 형성하는 과정에서 부정적인 정서상태를 상쇄시킬 수 있는 역할을 할 수 있기 때문에, 어느 발달단계에서나 보육교사의 역할은 다 중요하지만 이 시기 보육교사의 역할은 특히 더욱 중요하다는 점을 강조할 수밖에 없다.

영아기는 스스로 무언가를 할 수 없는 아직은 발달단계에서 매우 미숙한 상태이다. 따라서 이 시기 영아의 건강과 안전을 지키는 것은 보육교사의 중책 중 하나이다. 영아의 생존을 위한 기본조건으로 안전하고 쾌적한 환경에서 의식주의 기본요소를 제공하고 돌보는 것이 포함된다. 영아들은 프로이트Freud가 설명하고 있는 구강기에 해당하는데, 이때는 무엇이든 입으로 가져가 탐색하는 경향이 강하므로 주변에 있는 모든 물품의 위생관리가 철저해야 한다.

영아기에는 충분한 수면과 휴식을 취할 수 있도록 관리하고 집단생활을 통한 긴장감이나 스트레스를 최소한으로 줄여주는 환경을 조성해주어야 한다. 또한 보육교사는 안전한 환경을 제공해주어 영아가 다치지 않도록 보호해주며 영아돌연사가 생기지 않도록 수면시간에도 늘 지켜봐야 하고, 의사소통이 안 되어 울음으로 자신의 의사를 표현하는 영아들에게 민감하게 반응해주는 교사가 되어야 한다.

② 걸음마기를 담당하는 보육교사의 역할

걸음마기는 왕성한 신체활동과 더불어 아직은 완전하지 않은 신체발달과 인지발달로 인해 안전사고가 매우 빈번한 시기이므로 이 시기 보육교사는 경찰관 역할처럼 아동 한 명 한 명에 대한 안전에 매우 주의해야 하는 역할이 수반된다. 이 시기는 신체발달을 통해 운동기술을 획득하면서 이를 숙달시켜가는 과정에 있으므로 교사는 걸음마기 아동의 안전을 확보하면서도 탐색적 호기심을 충족시켜줄 수 있도록 안전하고 다양한 환경을 제공해야 한다.

이 시기 가장 두드러지게 보이는 발달은 언어발달이다. 24개월 정도가 되면 언어폭발이라고 표현해도 좋을 만큼 많은 단어와 문장을 사용하여 자신의 생각을 말로 표현할 수 있게 된다. 따라서 보육교사는 이 시기 아직 완벽하지 않지만 언어를 통해 자신의 의사를 표현하고자 하는 아동들에게 언어적으로 많은 주의를 기울여 언어발달을 촉진시킬 수 있도록 돕고 이를 통해 아동의 사회성발달과 정서발달에 도움을 주는 역할을 하는 것이 중요하다. 교사가 아동의 불완전한 언어 형태를 잘 이해하여 긍정적인 피드백을 주고 언어적인 완성도를 높여 아동이 한 말에 대한 반응을 보인다면 이 시기 아동은 자신감과 더불어 타인과 상호작용하는 법을 배우게 되어 자신에 대한 긍정적 감정과 타인과의 의사소통을 통한 문제해결능력도 증진시킬 수 있게 된다. 따라서 보육교사는 이들과 대화하고 상호작용할 때 인내심이 필요하고 이들의 언어규칙을 이해할 수 있도록 노력하는 자세가 필요하다. 걸음마기 아동의 표현하는 언어를 이해하는 것과 더불어 언어를 통해 걸음마기 아동에게 교사의 의견을 전달하는 것도 중요하다. 교사는 이들의 수준에 맞는 어휘와 문장을 사용하고 자세한 설명을 추가해서 전달해주면 걸음마기 아동은 언어적 상호작용의 즐거움을 느낄 수 있게 될 것이다. 이를 통해 언어발달을 촉진시켜주는 것이다.

걸음마기는 기본생활습관을 익히는 결정적 시기로 볼 수 있다. 이 시기에 바른 식사습관과 수면, 배변훈련이 이루어진다. 매일 규칙적으로 식사를 할 수 있도록 환경을 조성해주고 충분한 휴식과 수면이 이루어질 수 있도록 일정한 시간에 낮잠을 재우며 집단생활 중간에 혼자서 쉴 수 있는 공간도 제공한다. 개인차가 있을 수 있지만, 이 시기 배변훈련은 이루어져야 하는 발달과업이므로 교사는 적절한 시기에 담당하는 반 아동들의 배변훈련을 시켜야 한다. 프로이트에 의하면 배변훈련이 자연스럽게 이루어지지 않은 경우 성인이 되어서도 문제가 발생할 수 있으므로 각 아동들의 준비도에 따라 스트레스를 받지 않고 최대한 편안하게 배변훈련을 완성할 수 있도록 도와준다. 이러한 훈련은 반드시 가정에서도 연계될 수 있도록 부모의 협조를 받고 진행되어야 한다.

③ 유아기를 담당하는 보육교사의 역할

이 시기 보육교사는 교수자 역할이 주목된다. 이전 시기 발달단계 아동들에 비해 인지와 신체발달이 자조능력이 가능할 정도로 이루어지기 때문에 점차 다양한 교육영역으로 확대될 수 있다. 또한 본격적인 또래와의 상호작용이 시행되는 시기로 또래관계도 관심을 가지고 교육해야 한다.

유아기 보육교사는 보호와 양육뿐만 아니라 교육활동을 계획하고 실행하며 평가하는 교수자로서의 역할을 수행해야 한다. 스포덱(Spodek, 1985)은 보육교사의 역할을 진단자, 교육과정 설계 및 조직자, 평가자 역할로 구분하였는데, 발달단계별 정확한 진단을 하여 그에 적합한 교육과정을 제공하고진단자, 발달수준별 특성을 고려하여 교육활동과 교육과정을 설계하며 환경을 조직하고교육과정 설계 및 조직자, 제공된 교육환경을 평가하고 영유아를 관찰하며 이를 통한 다각적인 평가평가자를 근거로 부모 및 동료교사와 아동에 대한 객관적 평가자료를 제시하는 역할로 설명할 수 있다.

유아기는 인지가 발달하여 사고과정을 통한 다양한 활동이 가능한 시기로 교사는 아동의 상상을 자극할 수 있는 도구와 환경을 제공하고 자유롭게 표현할 수 있는 다양한 역할을 경험하도록 구조적인 환경을 마련하는 것이 좋다. 또한 신체조절능력이 정교화되어 다양한 활동이 가능하고 활동반경이 확대되는 시기이므로, 아이들이 마음껏 활동할 수 있고 인지 및 신체발달을 자극시킬 수 있는 안전한 환경을 제공하여 활동할 수 있도록 돕는다면 신체 · 인지 · 사회정서발달의 균형 잡힌 건강한 발달을 이룰 수 있게 된다.

유아기는 타인에 대한 정서조망이 시작되는 시기이므로 상호작용을 통한 또래관계를 발달시키는 것이 가능하다. 따라서 보육교사는 유아가 또래관계를 잘 형성하고 있는지 관심을 갖고 살펴보는 것이 중요하며 원만한 또래관계를 통한 긍정적인 사회성발달을 이룰 수 있도록 돕는 것이 중요하다. 특히, 또래관계에 어려움을 보이는 유아가 있다면 다른 아이들이 눈치채지 못하도록 상황을 조정하여 그 안에서 원활한 또래관계가 형성될 수 있도록 지원해야 한다.

한편, 보육교사는 부모와 함께 건강한 아동발달을 도모해야 하는 역할이 중요하다. 교사는 부모와 원할한 상호작용이 필수이며 부모에게 아동발달 및 양육지식을 전달하는 조언자 역할과 아동의 최적의 발달을 이끌기 위해 원활한 상호작용을 위한 상담자 역할도 담당해야 한다. 자녀양육에 있어서는 아동의 부모가 가장 전문가로 볼 수 있지만 전반적인 영유아의 발달과 영유아의 부적응행동에 대한 전문지식은 보육교사가 더 많기 때문에 부모에 대한 양육 및 교육의 조언가 역할을 수행함으로써 영유아의 발달을 도울 수 있다. 또한 영유아의 발달이 조금 늦어진 상황을 발견하게 되거나 또래관계에서 문제행동이 나타날 때, 잘못된 생활습관이 지속적으로 보일 때 부모와 교사는 서로 협력하여 아동이 건강한 발달을 이룰 수 있도록 돕는 역할을 해야 하며 이때 교사는 전문가 입장에서 부모에게 상담자 역할을 수행한다. 전문적인 상담치료자격이 없더라도 부모의 말을 경청하고 아동의 상황을 자세히 설명해주면 그것만으로도 상담자로서 역할을 충분히 발휘한 것이며, 전문적인 도움이 필요한 경우에는 전문가에게 의뢰할 수 있는 방법을 제안해 줌으로써 부모와 아동을 돕는 역할을 수행할 수 있다.

(2) 일반적 보육교사의 역할

① 양육자로서의 역할

캐츠(Katz, 1972)에 따르면 영유아를 지도 · 교육하는 교사의 역할을 모성적maternal model 역할, 치료적therapeutic model 역할, 교수적instructional model 역할로 분류하였다. 먼저 모성적 역할을 본 장에서는 양육자로서의 역할로 명명하였는데, 가정에서 여러 가지 이유로 인해 가정 내 주 양육자가 양육자의 역할을 담당하지 못하는 경우가 많아지면서 보육교사가 양육의 역할을 담당하게 되었다. 보육교사는 영유아를 안전하게 보호하고 신체적 · 심리적 요구를 충족시켜주도록 하는데, 이를 위해 민감하고 일관된 양육 역할을 수행할 수 있어야 한다. 이를 통해 심리적인 안정감과 애착 형성이 가능해지고 정서적으로도 편안한 발달이 가능하다. 정서적 발달 측면과 더불어 영유아의 건강과 안전을 지키는 역할 또한 양육자로서의 중요한 역할인데, 건강한 신체발달을 위해 성장에 필요한 음식을 골고루 섭취할 수 있도록 하고 충분한 휴식과 수면시간을 주어야 하며 영유아의 안전을 최우선으로 해야 한다. 이연섭에 의하면 영유아의 건강과 안전을 돌보며 사랑과 위안을 줄 수 있는 책임적인 역할을 양육자의 역할로 명명하였고, 스포덱은 영유아기의 건강, 보호, 안전을 배려해야 하는 측면으로 교사는 영유아에게 사랑과 편안함을 제공해야 한다고 하였다(문혁준 외, 2014).

② 교수자로서의 역할

보육환경에서 어린 영아들이 자라 걸음마기 유아기로 성장하게 되면 양육과 더불어 교육의 역할이 중요하게 된다. 보육은 교육과 양육의 의미인 에듀케어로 명명되는 것과 일맥상통한다. 이를 위해 보육교사는 교육활동을 계획하고 수행하며 평가하고 상담하는 교수자로서의 역할을 해야 한다. 또한 교사는 교수자로서의 역할을 위해 민감하게 반응해주고 지지적인 상호작용을 이끌어 내는 역할을 맡는다.

캐츠는 교수 모형으로 설명하고 있는데, 교수 모형은 지식과 정보를 전달하고 영유아들이 기술을 발달시키도록 하는 역할에 중점을 둔다고 하였다. 스포덱은 교수역할은 교육과정 설계자, 진단자, 교수조직자로서의 역할을 포함한다고 하였다. 지식전달의 직접 교수뿐만 아니라 학습 상황의 조성, 학습 자원의 제공을 통해 영유아가 현실세계를 지각하도록 하고 평가하는 교수의 간접적인 형태까지 포함한다고 설명한다. 사라초Saracho와 시케단츠Schickedanz 등은 교육과정 설계자, 교수조직자, 계획자, 조직자, 평가자 등으로 보육교사의 교수자로서의 역할을 설명하고 있다(문혁준 외, 2014).

③ 상담자로서의 역할

상담자로서의 역할은 영유아들이 자신의 감정을 표현하도록 돕고 마음의 상처와 내적 갈등이 있는 경우 해결할 수 있도록 돕는 역할이다. 현대를 살아가는 영유아들은 과거보다 물질적으로 많이 풍요로워졌지만 심리적으로는 내적 · 외적인 갈등을 많이 쌓아가는 경험을 하고 있다. 보육현장에서도 각 반마다 이런 상처가 있는 아이들이 빈번하게 눈에 보인다. 보육교사는 양육과 교육자로서의 역할뿐만 아니라 상담자로서의 역량이 요구되는 현실에 직면하게 된다. 과거에는 그다지 관심받는 영역이 아니었을 수 있으나 영유아의 지속적인 성장과 발달을 기록 · 평가하고 부모에게 보고하는 역할 및 상담자로서의 역할은 매우 중요한 영역이 되었다고 볼 수 있다.

보육교사의 상담자로서의 역할은 두 가지로 요약할 수 있다. 하나는 영유아가 보육환경에서 놀이를 통해 자신의 감정을 적절하게 발산하는 방법을 경험하게 하고 이를 적극적으로 지원하는 것이다. 다른 하나는 발달단계에 따른 정확한 관찰과 평가를 통해 부절적한 행동을 감소시키고 적절한 행동에 대한 강화를 주어 증가하도록 도우며 긍정적인 발달을 돕는 역할을 의미한다. 이를 위해서는 보육교사는 놀이의 치료적 역할과 효과에 대한 지식을 습득하고 많은 케이스를 통해 영유아의 긍정적 발달을 지원하며 개입하는 노력을 해야 한다. 또한 영유아에 대한 발달적 지식이 필요한데, 영유아를 제대로 보호하고 교육하고 상담하기 위해서는 그들의 발달수준과 개인적 욕구파악이 필수적이며 그 결과에 따라 영유아에게 적절한 교육을 제공하고 부모에게 전달할 내용이 있으면 바로 전달하여 협력적 관계를 통해 문제해결을 도모할 수 있다.

이상에서 보듯이, 보육교사의 역할에 대한 다양한 학자들의 관점은 교사의 역할을 어느 한 분야로 제한하여 분류한 것이 아니라 전문성을 지닌 교사의 역할 내용을 유형별로 체계화하여 보육교사의 역할에 대한 전문성을 강조한다. 보육교사의 역할에 대한 관점은 시대의 변화와 학자에 따라 어느 정도 변화하고 있으며, 현재 우리나라 보육교사는 「영유아보육법」에 근거한 보육교직원에 포함되고 「영유아보육법」 및 「근로기준법」의 적용을 받는 전문적인 보육인력이다.

2) 보육교사의 자질

인간발달의 기틀을 다지는 영유아기를 책임지는 교사의 자질은 매우 중요하다. 영유아의 전인적 발달을 돕기 위한 적절한 돌봄과 양육, 교육을 제공하는 보육교사의 특성상, 교사 개인의 전인적 성숙과 직업전문성이 요구된다. 많이 알려져 있는 '교육의 질은 교사의 질을 능가하지 못한다'는 경구는 보육교사가 갖추어야 할 자질이 어떠해야 하는가를 잘 보여 준다.

수많은 보육교사들이 교육현장에서 어린아이들의 삶에 관여하고 있지만, 그들이 모두 교사로서의 바람직한 소명과 자질, 능력을 갖추고 있는 것은 아니다. 보육교사 자격요건이 규정하는 정규과정을 완수하여 동일한 보육교사 자격증을 갖추었다 하더라도, 이것이 그들이 좋은 품성과 자질을 갖춘 유능한 보육교사임을 보증하는 것은 아니다. 가정 내에서도 높은 지식과 풍부한 경제력을 갖춘 부모나 생물학적 부모가 반드시 아이에게 훌륭한 부모가 되는 것이 아니듯이, 보육교사가 아닌 사람들이 오히려 더 바람직한 교사 같은 인상을 줄 때도 있다. 이러한 모습은 우리에게 '보육교사는 어떠해야 하는가'라는 생각할 거리를 제시한다.

보육교사의 자질은 크게 한 인간주체로서 기본 성품을 강조하는 개인적 자질과, 전문보육교사로서 갖추어야 할 직업적 혹은 전문적 자질의 두 가지로 구분하여 설명할 수 있다. 영유아의 '보호'와 '교육'을 동시적으로 수행하는 보육교사의 특성상 보호의 측면을 강조할 때는 교사의 개인적 자질을, 교육의 측면을 강조할 때는 직업

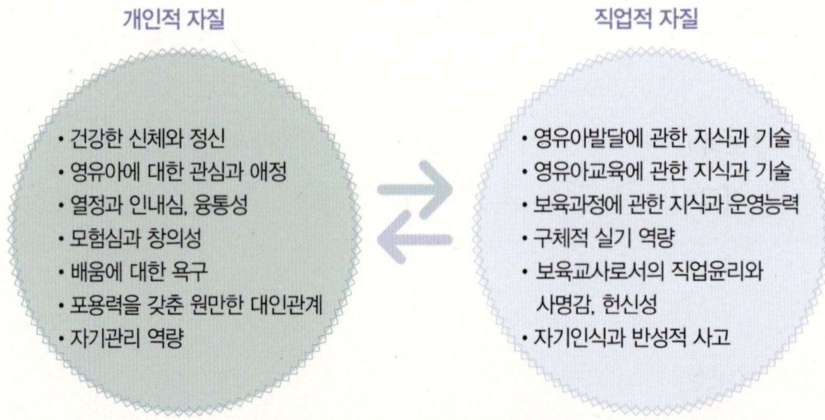

그림 1-1 보육교사의 자질

적 · 전문적 자질을 강조하기 쉽다. 그러나 이 두 가지는 불가분의 관계에 놓여 있으며 서로 간에도 영향을 미친다.

(1) 개인적 자질

① 건강한 신체와 정신

영유아기의 특성상 아이들은 신체활동과 에너지의 방출이 활발하다. 이러한 아이들이 집단으로 존재하는 환경에서 교사는 시종일관 그들에게 주의를 집중해야 하고, 그들의 움직임과 욕구에 맞추어 자신의 신체를 조작해야 한다. 또 보육의 특성상 자신이 맡고 있는 아이들을 다른 대체교사에게 맡기고 병가를 내거나 쉬는 것이 쉽지 않다. 따라서 교사는 체력적으로 뒷받침이 되어야 한다. 교사업무를 수행하는 과정에서 지치지 않고 열성적인 교사는 우선 무엇보다 신체적으로 건강하다. 쉽게 피곤하고 에너지 수준이 낮으면, 정서적으로도 지치고 아이들과도 밝은 모습으로 상호작용하기 어렵다.

보육현장에서 부모의 대리자로 기능하는 보육교사의 정서상태와 정신건강은 영유아에게 그대로 전이된다. 우울과 불안감이 높고 정서조절이 어려운 교사는 영유아에게 자신의 정서를 투사하기 쉽고 영유아와의 상호작용의 질을 떨어뜨린다. 반면, 교사의 애정과 민감성 등은 영유아에게 신뢰감과 편안함을 주어 안정애착을 증진시킬 수 있다.

② 영유아에 대한 관심과 애정

영유아에 대한 관심과 애정은 보육교사가 꼭 갖추어야 할 요소이다. 영유아의 발달특성상 성인에 대한 의존도가 높고 성인의 양육적 돌봄이 늘 필요한 만큼, 보육교사는 부모와 같은 존재로 그들에게 다가간다. 그러므로 보육교사는 다른 초 · 중등교사와 비교해 교직에 대한 욕구보다는 어린아이에 대한 애정과 관심이 교사로서의 삶에 더 중요한 가치로 존재하기 쉽다. 이는 보육교사들이 교직에 헌신하게 되는 동력이 된다.

③ 열정과 인내심, 융통성

최근 보육교사의 처우가 많이 좋아졌지만 여전히 사회적 · 경제적 보상이 높지는 않다. 그러므로 모든 직업에서 필요한 자질이기도 하지만, 특히 보육교사로 출발하고 그 직무를 이행하는 데 있어서 열정은 많은 교사들이 꼽는 중요요소이다.

어린아이는 자신만의 사고와 행동양식이 있으므로 교사의 기대대로 늘 움직이는 것이 아니다. 영유아는 때로 교사에게 좌절과 분노를 초래할 수도 있다. 보육현장에서 만나는 동료교사나 학부모와의 관계에서도 교사들은 힘든 일들을 경험하게 된다. 이럴 때 자신의 정서를 규제하고 조절하며 인내할 수 있는 자질은 결과적으로 교사로서의 자기효능감을 증진시킬 수 있다. 또한 사전에 계획된 보육과정을 진행하지만, 영유아의 발달특성상 새롭고 불확실한 일들이 종종 발생한다. 아이는 갑자기 아프기도 하고 친구들과 갈등을 빚기도 하며, 본래 계획한 활동과는 전혀 다른 활동에 몰입하기도 한다. 또 기상 상황이 갑자기 바뀌어 활동 계획에 차질이 생기기도 한다. 이런 때 교사는 당황하지 말고 융통성을 발휘하여 짜여진 계획을 바꿀 수 있다.

④ 모험심과 창의성

어린아이들과의 생활이 지속되다 보면 간혹 단조롭다는 느낌을 받기도 한다. 이는 여러 이유들이 작용하겠지만, 교사 개인의 성향뿐 아니라 미리 짜여 있는 보육계획이나 구조화되어 있는 교사생활에서 비롯될 수도 있다. 이때 교사는 새로운 것을 자신의 생활에서 시도해보기도 하고, 마찬가지로 보육현장에서도 이전에 시도해보지 않은 교수방식이나 실제를 적용해보려는 노력을 하는 것이 필요하다. 이러한 모험심과 창의성은 궁극적으로 영유아와의 상호작용과 수업의 질을 높이는 계기가 될 수 있다.

⑤ 배움에 대한 욕구

지식은 고정되어 있지 않고 인간발달과 시대적 흐름에 따라 늘 다양한 모습으로 존재한다. 교과목에서 배웠던 이론과 지식이 실제 보육현장에서 그대로 적용되는 것만은 아니므로 아동발달과 교육, 사회현상, 실무에 대한 더 깊고 체계적인 지식을 갖출 필요가 있다. 보육현장에서 부닥치는 어린아이의 다양한 행동과 발달은 교사에게 그에 상응하는 지식의 반응체계를 요구한다. 무언가를 배우고 지식을 습득한다는 것은 평생에 걸친 과정이다. 배움에 대한 교사의 욕구와 열정은 자신이 가르치는 아이들에게도 그대로 전이되어 바람직한 영향을 미칠 수 있다.

⑥ 포용력을 갖춘 원만한 대인관계

보육교사는 혼자서 영유아에게 돌봄과 교육을 제공하는 것이 아니다. 보육현장의 중심에는 영유아, 동료교사, 원장이 있으며, 이 외에도 보육활동을 지원하고 구성하는 다른 보육교직원들특수교사, 치료사, 간호사, 영양사, 조리원, 특별활동강사, 지입차 운전기사 등이 존재한다. 보육교사는 이러한 보육교직원들과 직 · 간접적으로 상호작용을 하고 교류를 한다. 또 아이들의 부모와도 긴밀한 의사소통을 한다. 모든 직종에서 그렇듯이 대인관계에서 경험하는 만족과 좌절은 교사의 정신건강과 직업만족도에 영향을 미친다. 이들과 주고받는 심리적 지지와 격려, 관계의 질은 궁극적으로 교사로서의 효능감과 역량을 신장시킨다.

⑦ 자기관리 역량

보육교사가 보육현장에서 경험하는 많은 일들은 긍정적 정서를 가져오는 것들도 있지만, 반대로 영유아, 동료교사나 원장, 학부모 등과의 관계에서 과도한 스트레스를 유발하여 직무만족도를 떨어뜨리는 경우들도 있다. 이때 보육교사는 이러한 직무스트레스를 전략적으로 다루어 그 부정적 영향으로부터 거리를 둘 수 있어야 한다. 자신의 정서를 조절하고 행동을 통제할 수 있다는 신념은 '교사됨'에 관한 가치와 자신감을 고취시킨다. 자신의 삶을 주도적으로 관리하고 조직할 수 있는 힘은 교사로서의 역량강화에 중요하다. 뿐만 아니라 정서적 · 신체적 욕구를 발산할 수 있는 취미 활동과 자신의 경험을 공유할 수 있는 의사소통 파트너의 존재는 건강한 삶의 활력과 자기관리에 도움이 된다.

(2) 직업적 자질

① 영유아발달에 관한 지식과 기술

인간발달의 기틀을 다지는 영유아기 발달에 관한 지식은 보육교사에 최우선적으로 요구되는 전문적 역량이다. 신체운동발달, 언어인지발달, 정서사회성발달 등이 구체화되는 시기인 만큼, 어린아이들은 모든 면에서 성인과는 다른 발달수준에 놓여 있다. 따라서 영역별, 연령대별 발달모습을 정확히 인식하고 있어야만 바람직하고 적합한 보육을 계획할 수 있다.

이를테면 보육교사는 영유아의 기질적 차이를 알아야 한다. 또 애착에 관한 지식이 있어야만 안정애착 형성을 위해 어떻게 환경을 구성하고 보육해야 하는가를 계획할 수 있다. 인지발달이 늦은 아이, 신체활동성이 높은 아이, 언어유창성이 뛰어난 아이 등 교사가 만나는 아이들은 매우 다양하다. 또한 연령대별 발달특성과 함께 정상발달 및 이상발달을 알고 있어야 다양한 아이들과의 상호작용에서 적절히 대응하고 문제를 해결할 수 있다.

인간발달을 설명하는 개념과 이론은 당시의 시대적 흐름을 반영하므로 지식은 고정되지 않는다. 따라서 보육교사는 영유아발달에 관한 새로운 연구동향을 알아야 하며, 이는 보육교사가 일상적 수준의 앎을 넘어 전문적인 지식으로 무장할 필요가 있음을 시사한다.

② 영유아교육에 관한 지식과 기술

영유아교육은 학령기와 청소년기의 교육과는 분명히 다르다. 후자는 지식전달이 주요 목적이고, 발달상 일반적인 교수학습문자와 언어 활용, 교사 중심의 일방향적 교육, 추상적 개념 설명 등으로 교육이 가능하다. 그러나 영유아는 발달수준상 더욱 그들의 눈높이에 맞추어야 제대로 소통이 이루어진다. 이를테면 영유아에게는 구체적인 실물교육이 중요하고 신체활동과 오감활동도 필요하다. 영유아의 의사소통방식은 성인하고는 다르므로, 교사는 자신의 지식적 차원을 모두 활용해 영유아의 의사를 파악하고 그에 맞는 소통을 한다. 또 교사는 영유아의 흥미를 유발하고 알고자 하는 내적 동기를 강화할 수 있는 교육과정과 교수방법, 프로그램을 연구한다. 그러므로 보육교사에게는 영유아발달에 관한 지식뿐만 아니라 교육 및 교수학습에 관한 지식도 필요하다. 보육교사가 부모와 다른 큰 차이점들 중 하나는 교사는 체계적 교육의 의미를 이해하고 보육현장에서 적합한 교육활동을 구성한다는 점이다.

③ 보육과정에 관한 지식과 운영능력

보육과정은 어린이집에서 영유아를 대상으로 이루어지는 모든 교육활동을 포함하는 것으로, 보육의 질을 구성하는 핵심영역이다. 보육교사는 누리과정과 표준보육과정에 관한 지식을 바탕으로 0~5세까지의 연령별 보육과정을 계획하고 구성한다. 보육교사의 중요한 직무는 다양한 보육 프로그램에 관한 지식을 실제 교수학습과정에서 영유아에게 적용, 운영하는 것이다. 그러므로 교사는 교육환경 구성, 교수 방법과 평가에 관한 전문적 지식을 가져야 한다. 또 부모에게 필요한 정보를 제공할 뿐 아니라 영유아의 건강과 안전을 관리할 수 있어야 한다. 이 과정에서 이루어지는 교사의 모든 활동이 바람직한 영유아교육으로 이어지고 보육의 질을 향상시킨다.

④ 구체적 실기 역량

영유아의 발달특성상 언어와 문자를 통한 교육이나 추상적 개념작용의 습득은 쉽지 않다. 교사-영유아 상호작용과 교육활동은 놀이를 통한 감각활동과 신체활동, 구체적인 실물을 통해 이루어진다. 또 지식교육이 아닌 음악, 미술, 체육 등 다양한 영역에서의 전인적 발달을 목적으로 하는 만큼, 교사가 이론적 지식만을 가지고 보육활동에 접근할 수는 없다.

자유선택활동과 다양한 흥미영역실내에서의 쌓기, 수 · 조작놀이, 역할놀이, 언어, 조형, 과학, 음률, 컴퓨터 영역 등, 실외에서의 물 · 모래놀이, 탐구영역 등에서 이루어지는 문학활동동화, 동극, 동시, 조형활동조각, 소조, 소묘, 판화, 콜라주, 직조 등 미술활동, 음악활동음악감상, 노래 부르기, 악기 다루기, 소리 듣기, 신체표현과 동작활동, 수 · 과학활동실험 및 관찰 등은 보육교사가 갖추어야 할 구체적 실기 역량이 어떠한가를 잘 보여 준다.

⑤ 보육교사로서의 직업윤리와 사명감, 헌신성

부모의 대리양육자로서 보육교사가 영유아에게 미치는 교육적 · 정서적 영향이 매우 크다. 성실성, 도덕성, 소명감, 책임감, 직무헌신 등은 개인적으로 갖추어야 할 자질이기도 하지만, 특히 교직이라는 전문영역에서 요구되는 것들이다. 전생애에서 발달의 기초를 다지는 영유아 시기에 중요한 환경요인 중 하나는 바로 가정 밖에서 이루어지는 보육 경험이다. 그러므로 이 중요한 보육 경험을 제공하는 보육교사에게 직업윤리와 직무헌신은 더욱 필요한 덕목이라 할 수 있다.

⑥ 자기인식과 반성적 사고

보육교사로서의 자기인식과 반성적 사고reflective thinking는 바람직한 구체적 실천을 가능하게 한다. 교사는 객관적 입장에서 자신의 생각과 행동을 돌이켜 고민하고 사고함으로써 자신의 말과 행동, 결정에 책임을 진다. 자신의 부족함과 문제점을 숙고하고 더 나은 대안책을 모색하려는 반성적 사고는 교사로서의 발전과 성장의 밑

Tip 좋은 교사가 갖추어야 할 특성

- 영유아의 관점에서 세상을 바라봄
- 자신의 감정과 정서를 아이에게 투사하지 않음
- 자신의 행위를 반성적으로 사고함
- 아이의 언어와 행동, 정서를 경청하고 인정해줌
- 높은 공감과 감정이입
- 밝은 표정과 미소
- 개방적 의사소통과 자세
- 애정적 태도와 민감한 반응성
- 편애 없이 모든 아이에게 애정을 줌
- 자신의 생각과 기준을 강요하지 않음
- '저 아이가 그럴 수 있지'라는 생각으로 아이를 바라봄
- 철저한 수업준비
- 아이의 흥미를 유발하고 성장시키는 다양한 활동들을 모색함

거름이 된다. 이러한 자기 역량은 자칫 불안정하고 수동적이기 쉬운 교수활동에서 민첩하고 순발력 있는 의사결정을 가능하게 하는 힘이 된다.

3. 보육교사 직업윤리

본 절에서는 보육교사가 직업인으로서 가져야 할 윤리의식의 필요성과 중요성에 대해 살펴보고, 우리나라와 미국 NAEYC의 보육교사 윤리강령에 대해 살펴보고자 한다.

1) 보육교직원 윤리강령

어린이집 원장과 보육교사 윤리강령 제정을 위한 연구가 2010년 한국어린이집연합회와 육아정책연구소에서 이루어짐에 따라 2011년 전국보육인대회에서 다음과 같이 공표되었다.

어린이집 원장 및 보육교사 윤리강령

보육은 영유아를 건강하게 양육하고, 안전하게 보호하며, 발달특성에 적합한 교육을 제공하는 복지서비스이며, 보육인은 사랑과 존중과 전문지식을 바탕으로 영유아의 전인적 성장에 영향을 미치는 전문직업인이다. 그러므로 보육인은 윤리적 의식과 태도를 가지고 사회적 본분에 임해야 한다.

이에 어린이집 원장과 보육교사는 스스로 책무성을 발현하여 윤리강령을 제정함을 밝힌다. 본 강령을 직무 수행의 규준으로 삼아, 보육현장에서 발생하는 윤리적 갈등을 해결하고, 생존권, 보호권, 발달권, 참여권 등 영유아의 권리를 보장함으로써, 직무상의 윤리적 책임을 다하여 전문직업인으로서의 위상을 공고히 하고자 한다.

더불어 영유아와 그 가정, 동료와 사회의 존엄성을 존중하는 보육의 실천으로 다각적인 신뢰를 구축하고, 영유아의 잠재력을 최대한 발휘시킴으로써 영유아가 긍정적인 자아개념을 형성하고 유능한 사회인으로 성장할 수 있도록 도와, 궁극적으로는 영유아와 그 가정, 동료와 사회의 통합적 · 이상적 복지 실현에 기여하고자 한다.

제 I 장 영유아에 대한 윤리

1. 영유아에게 고른 영양과 충분한 휴식을 제공하여, 몸과 마음이 건강한 사람으로 자라도록 돕는다.
2. 성별, 지역, 종교, 인종, 장애 등 어떤 이유에서도 영유아를 차별하지 않고 공평한 기회를 제공한다.
3. 영유아는 다치기 쉬운 존재임을 인식하여 항상 안전하게 보호한다.
4. 영유아에 대한 정서적 · 언어적 · 신체적 학대를 행하지 않는다.
5. 어린이집 내외에서의 영유아 학대나 방임을 민감하게 관찰하며, 필요한 경우 관련 기관("아동보호전문기관" 등)에 보고하고 조치를 취한다.
6. 영유아의 인격을 존중하고, 개인의 잠재력과 개성을 인정한다.
7. 개별적 상호작용 속에서 영유아의 요구를 수용하기 위해 노력한다.
8. 영유아의 사회 · 정서 · 인지 · 신체발달을 통합적으로 지원하는 보육 프로그램을 실시한다.
9. 특별한 도움을 필요로 하는 경우, 전문가와 협력하여 영유아의 입장에서 최선의 대안을 찾는다.
10. 보육활동을 계획, 실행, 평가하는 모든 과정에 영유아의 흥미와 의사를 반영한다.
11. 영유아의 개인적 기록과 정보에 대해 비밀을 보장한다.

제 II 장 가정에 대한 윤리

1. 상호 신뢰를 바탕으로 영유아의 가정과 동반자적인 관계를 유지한다.
2. 각 가정의 양육가치와 의사결정을 존중한다.
3. 경제적 수준, 가족 형태, 지역, 문화, 관습, 종교, 언어 등 어떤 것에 의해서도 영유아의 가정을 차별대우하지 않는다.
4. 보육활동 및 발달 상황에 관한 정보를 정확하게 제공하여 영유아에 대한 가정의 이해를 돕는다. 다문

화, 심신장애 등으로 의사소통에 도움이 필요한 경우 문제를 해결할 최선의 방법을 도모한다.

5. 어린이집 운영 전반에 관한 정보를 공개하여 영유아 가정의 알 권리에 응한다.
6. 보육 프로그램과 주요 의사결정에 영유아의 가정이 참여하도록 안내한다.
7. 필요한 사회적 지원, 전문서비스 등 관련 정보를 제공하여 영유아 가정의 복리 증진을 돕는다.
8. 영유아 가정의 사생활을 보호하고 익명성을 보장한다.

제Ⅲ장 동료에 대한 윤리

[어린이집 원장]

1. 최상의 보육서비스 제공에 필요한 인적 · 물적 환경의 조성 및 유지를 위해 노력한다.
2. 보육교사를 신뢰하고 존중하며 전문성과 자율성을 인정한다.
3. 성별, 학연, 지연, 인종, 종교 등에 따라 보육교사를 차별하지 않는다.
4. 업무 관련 의사결정이 필요한 경우, 보육교사의 의견 개진 기회를 보장한다.
5. 보육교사에게 지속적 재교육 등 전문적 역량 제고의 기회를 부여한다.
6. 보육교사에게 적정 수준의 보상(보험, 급여 등)을 안정적으로 제공하며, 복지 증진에 힘쓴다.
7. 보육교사 개인의 기록과 정보에 대한 비밀을 보장한다.

[보육교사]

1. 존중과 신뢰를 바탕으로 협력하며, 서로의 전문성과 자율성을 인정한다.
2. 상호 간 역량 개발과 복지 증진에 부합하는 근무환경이 되도록 힘쓴다.
3. 어린이집 원장 및 동료와 영유아 보육에 대한 신념을 공유한다.
4. 보육교사로서의 전문성 향상을 위해 스스로 노력한다.
5. 어린이집 내에서 영유아 및 보육교사의 인권과 복지를 위협하는 비윤리적 사태가 발생한 경우, 법률규정이나 윤리기준("한국어린이집연합회 윤리강령위원회" 참조)에 따라 조치를 취한다.

제Ⅳ장 사회에 대한 윤리

1. 공보육에 대한 책임을 인식하고, 항상 질 좋은 보육서비스를 제공한다.
2. 영유아의 안전을 위협하는 환경이나 정책이 발견될 시, 관계기관과 협의하여 개선한다.
3. 공적 책임이 있는 어린이집으로서 재정의 투명성을 유지하고, 부정한 방법으로 사적 이익을 취하지 않는다.
4. 영유아의 권익보호를 위해 관련 정책 결정 및 법률 제정에 적극 참여하며, 사회적으로 이를 널리 알리는 데 앞장선다.
5. 지역사회 실정에 맞는 어린이집의 책임과 역할을 인지하고, 실천하고자 노력한다.

보육인 윤리선언문의 내용은 다음과 같다.

보육인 윤리선언문

나는 영유아의 건강한 성장과 발달을 지원하는 보육교사(어린이집 원장)로서, 직무상의 윤리적 책임을 다하여 다음 사항들을 지킬 것을 다짐합니다.

1. 나는 내가 영유아에게 지대한 영향을 미치는 존재임을 잊지 않으며, 항상 스스로의 말과 행동에 신중을 기한다. 나는 영유아의 인격과 권리를 존중하며, 어떠한 경우에도 영유아에게 해가 되는 일을 하지 않는다.
1. 나는 영유아 가정의 다양성을 이해하고 존중하며, 상호 신뢰하는 동반자적 관계를 유지한다.
1. 나는 동료를 존중하고 지지하며, 서로 협력하여 최상의 보육서비스를 제공하기 위해 노력한다.
1. 나는 보육의 사회적 책임과 역할을 인식하고, 영유아의 권익과 복지를 위한 활동에 앞장선다.
1. 나는 「어린이집 원장 · 교사 윤리강령」을 직무 수행의 도덕적 규준으로 삼아 진심을 다하여 충실히 이행한다.

2) 미국의 보육교사 윤리강령

미국유아교육협회national Asscociation for the Education of Young Children : NAEYC는 1989년 보육교사를 대상으로 윤리강령과 선서문을 제정, 채택하였고 이후 총 네 번의 개정이 있었으며 가장 최근에는 2011년 개정되었다(성미영 외, 2015). 자세한 내용은 다음과 같다.

(1) 제1장 영유아에 대한 윤리적 책임

영유아기의 보육교사는 안전과 영양, 발달과 학습을 지원하고 각 수준별 발달단계에 맞춰 함께 어울려 지내는 법을 배우도록 하는 책임이 있다.

이상

- 아동 보호와 교육의 지식 기초에 익숙해지고 지속적인 교육과 훈련을 통해 익숙해진 상태 유지하기

- 개별 아동의 특정한 지식뿐만 아니라 아동교육, 아동발달, 관련 학문 분야의 현재 지식과 연구에 근거한 기본 프로그램 실행하기
- 개별 아동의 독특한 특성, 능력 그리고 잠재성을 인식하고 존중하기
- 아동의 약한 부분과 그들의 성인에 대한 의존성을 인정하기
- 아동의 사회적 · 정서적 · 인지적 · 신체적 발달을 촉진하고 그들의 존엄성과 기여를 존중하는 안전하고 건강한 환경을 창조하고 유지하기
- 아동을 평가하기에 적합하고, 그 목적에 부합하기 위해 고안되고 사용되며 아동을 이롭게 할 가능성을 가진 평가도구와 전략을 사용하기
- 아동의 발달과 학습을 이해하고 지원하며 교육을 지원하고 추가적인 서비스를 필요로 하는 아동을 확인하기 위한 평가 정보를 사용하기
- 장애의 유무와 관련하여 아동의 요구와 부합되는 포괄적 환경 속에서 개별 아동들이 놀고 배울 수 있는 권리를 지원하기
- 특별한 요구를 필요로 하는 아동들을 포함하는 모든 아동들이 성공적인 보육과정에 참여하는 것을 보장하고 지지하기
- 개별 아동의 문화, 언어, 민족성 그리고 가족구조를 프로그램에서 인식하고 가치를 인정받는 것을 보증하기
- 아동이 집에서 사용하는 언어를 유지하고 영어 배우는 것을 지원하는 것뿐만 아니라 그들이 알고 있는 언어로 경험을 제공하기
- 아동과 가정이 한 프로그램에서 다음 프로그램으로 안전하고 자연스럽게 이동하기 위해서 가족과 함께 일하기

원칙

- 우선적으로 우리는 아동들에게 해를 끼치면 안 된다. 우리는 아동에게 정서적인 손상을 주고 신체적으로 해를 끼치며 경멸하고 타락시키고 착취하고 위태롭고 위협을 주는 행위를 하면 안 된다. 이러한 원칙은 이 강령에서 모든 것에 우선한다.
- 우리는 개별 아동을 인지적으로 자극하고 그들의 문화, 언어, 민족성 그리고 가족구조를 지지하는 명확한 정서적 · 사회적 환경 속에서 아동을 양육하고 교육한다.

- 우리는 이익을 부인하기, 특별한 이점을 부여하기, 또는 그들의 성, 인종, 국적, 종교, 의학적 상태, 장애, 또는 배우자 유무/가족구조, 성적 취향, 가족의 유대관계로 인해 프로그램이나 활동으로부터 아동을 제외시키기 등 아동을 차별하는 실천에 참여하지 않는다이 원칙의 관점은 특정 아동집단에게 제공하기 위한 법적 위임장을 가진 프로그램에는 적용되지 않는다.
- 우리는 아동과 관련된 결정을 할 때 민감한 정보의 비밀을 보장하면서가족과 스태프를 포함 관련된 지식을 연관시킨다.
- 우리는 아동학습과 발달에 대한 정보를 제공하기 위해서 복합적인 출처를 포함하는 적합한 평가제도를 사용한다.
- 우리는 참여, 유지 또는 특별한 교육과정에의 배치와 같은 결정이 시험점수나 일회성 관찰에 기초하지 않고 복합적인 지식의 출처에 근거하여 확정되도록 노력한다.
- 우리는 개별 아동들과 개인적인 유대관계를 쌓도록 힘쓴다. 교육 전략, 학습환경, 프로그램에 있어서 개별적인 적용방법을 수립하고 개별 아동이 프로그램에서 이익을 얻을 수 있도록 가족과 상의하기 위해 노력하다. 만일 이런 노력을 기울였음에도 현재의 상황이 아동들의 요구를 충족시키지 못하거나, 해당 아동이 프로그램으로부터 이득을 보는 다른 아동들의 능력에 심각하게 해를 끼친다면 우리는 그 아동의 성취를 위해 필요한 추가적인 과정과또는 배치 선택을 결정하기 위해 아동의 가족, 적합한 전문가와 협력한다.
- 우리는 신체적 · 성적 · 언어적 · 정서적 학대와 신체적 · 정서적 · 교육적 · 의료적 방치를 포함하는 아동학대 및 방치의 징후와 위험요소에 익숙해진다. 우리는 아동을 아동학대와 방치로부터 보호하기 위한 연구방법이나 사회규정 등을 숙지하고 따른다.
- 우리가 아동학대 또는 방치를 추정할 수 있는 명확한 원인을 찾았을 때, 반드시 해당 기관에 신고하여 적합한 조치가 이루어졌는지 확인한다. 적절히 이루어졌을 때 부모나 보호자는 위탁자가 정해졌는지 통보받을 것이다.
- 아동이 학대받거나 방치되고 있다는 혐의를 다른 사람이 우리에게 말할 때는 그 아동을 보호하기 위해 적절한 조치가 취해질 수 있도록 그 사람을 돕는다.
- 아동의 건강, 안전 또는 복지에 위협을 주는 행위나 상황을 인지했을 때, 우리

는 아동을 보호하거나 부모 또는 도움을 줄 수 있는 다른 사람에게 알려 주어야 하는 윤리적 책임을 진다.

(2) 제2장 가정에 대한 윤리적 책임

가정은 영유아의 삶에 있어서 가장 중요한 물리적 환경이다. 가정과 보육기관은 긴밀한 협조와 강한 유대감이 필요하다.

이상

- 가정과 효과적으로 작업하는 것과 관련된 지식기반에 익숙해지고 꾸준한 교육과 훈련을 통해 지식을 유지하기
- 우리가 지지하는 가정과 상호 간의 신뢰관계를 발전시키고 유대관계를 창조하기
- 모든 가족구성원을 환영하고 프로그램에 참여할 수 있도록 격려하기
- 가정의 소리에 귀 기울이고 그들의 능력을 인지하며 아동 양육을 수행할 때 우리가 지원하는 것처럼 가정으로부터 배우기
- 각 가정의 존엄성과 선호하는 사항을 존중하고, 그 구조, 문화, 언어, 풍습 그리고 신념에 대해서 배우기 위해 노력하기
- 가정의 육아법의 가치와 그들의 자녀에 대한 결정권 존중하기
- 개별 아동의 교육과 발달에 대한 정보를 가정과 공유하고, 그들이 아동교육과 업의 현재 지식기반을 이해하고 참여하도록 돕기
- 가족구성원들의 아동들에 대한 이해의 증진을 돕고 부모로서 그들의 기술이 계속 발전하도록 지원하기
- 가족들에게 프로그램 스태프, 다른 가정, 사회기관, 전문적 서비스와의 상호작용 기회를 제공함으로써 가정을 위한 지원 네트워크 확립에 참여하기

원칙

- 우리는 법원의 명령이나 다른 법적인 제한이 있는 경우를 제외하고 가족이 그들 자녀들의 교실이나 프로그램에 참여하는 것을 막아서는 안 된다.
- 우리는 가족들에게 프로그램의 철학, 정책, 교육과정, 평가체계 그리고 구성원의 자격 등에 대해 안내하고, 왜 우리가 아동에 대한 윤리적 책임을 아동에게 가르쳐야 하는지 설명한다.

- 우리는 적절한 때에 가족들이 정책결정에 참여할 수 있도록 안내한다.
- 우리는 가족들을 그들의 자녀들에게 영향을 끼치는 중요한 결정에 참여시킨다.
- 우리는 모든 가족들과 그들이 이해할 수 있는 언어를 통해 효율적인 의사소통을 하기 위해 총력을 기울인다. 우리는 우리의 프로그램에 충분한 자원이 없을 때 해석하고 통역하기 위한 지역사회의 자원을 이용한다.
- 가족들이 그들의 자녀들과 가정에 대한 정보를 공유한 만큼 우리는 이 정보를 프로그램을 계획하고 실행하는 데 고려한다.
- 우리는 프로그램의 아동평가 원리의 목적 그리고 아동들에 대한 평가 정보가 어떻게 사용되는지에 대해 가족들에게 알려준다.
- 우리는 아동평가자료를 비밀사항으로 다루고 합법적인 요구가 있을 때에만 공유한다.
- 우리는 가족들에게 그들 자녀의 부상이나 사건, 전염병에 노출되는 것과 같은 위험 그리고 정서적 스트레스 발생에 대해 알려준다.
- 가족들은 그들 자녀와 관련된 어떠한 연구 계획이든 간에 충분히 전달받아야 하며 불이익이 없이 찬성을 하거나 하지 않을 기회를 가진다. 우리는 연구 참여 중에 아동들이 교육, 발달 혹은 복지를 방해하는 어떠한 것에도 허가하거나 참여하지 않는다.
- 우리는 가족들의 착취를 보증하거나 지원하지 않는다. 우리는 우리 가족과의 관계를 사적인 이익이나 개인적인 이익을 위해 사용하지 않는다.
- 우리는 비밀 보호와 아동들 기록의 보호를 위해 문서화된 정책을 개발한다. 이러한 정책 문서들은 모든 프로그램 참가자와 가족들에게 유효하다. 가족구성원, 프로그램 참여자 그리고 비밀사항에 대한 권리를 가진 컨설턴트를 넘어서 아동들 기록의 보호는 가족들의 동의가 필요하다아동학대 또는 방치의 경우는 제외.
- 우리는 비밀사항의 유출, 가족 사생활 방해 등으로부터 가족의 사생활 권리를 존중하고 비밀을 유지해 주어야 한다. 그러나 아동들의 복지가 위험에 처해 있다고 믿을 만한 이유가 있을 때에는 아동의 양육권을 중재할 법적 책임을 지는 개인뿐 아니라 관계기관과 해당 비밀사항을 공유하는 것이 허용된다.
- 가족구성원이 다른 누군가와 충돌하는 상황에서 우리는 모든 참여자들이 전달

받은 결정을 이해할 수 있도록 개방된 자세로 임하여 아동들의 관찰자료를 공유한다. 우리는 특정한 조직만을 옹호하지 않는다.

- 우리는 조직사회의 자원과 전문적인 지원서비스에 대해 잘 알고 가정을 적절하게 위탁한다. 위탁이 이루어지면 서비스가 적절히 제공되는지 확인해야 한다.

(3) 제3장 동료에 대한 윤리적 책임

보육시설에서 서로에 대한 존중과 믿음은 매우 중요하며 직업만족도가 높을 수 있는 환경을 제공하는 것이 필요하다.

① 동료교사에 대한 책임

이상

- 존중, 믿음, 비밀유지, 공동연구, 동료교사와 협조관계를 확립하고 유지하기
- 가장 가능성 있는 아동 보육 프로그램이 제공되는지를 증명하기 위한 공동 연구를 위해 동료교사와 자료 공유하기
- 그들의 전문적인 요구와 전문적인 발전에 관한 미팅에서 동료교사를 지원하기
- 전문적인 성취의 인식을 통한 동료교사와의 조화를 꾀하기

원칙

- 우리는 우리의 프로그램에 대한 동료들의 공헌을 인식하고, 그들의 명성을 저해하거나 아동과 가정에 관련된 일의 효용을 저해하는 일에 참여하지 않는다.
- 동료교사의 전문적인 행동에 관여할 때, 우리는 먼저 개인적 권위와 구성원 사이의 다양성에 대한 존중을 보여 주는 방식으로 우리의 관심을 알게 하고 조직적이고 비밀을 보장해 주는 방법을 통해 문제를 해결하기 위한 시도를 한다.
- 우리는 동료교사의 개인적인 특성이나 전문적인 행동을 고려한 표현적인 관점에서 보육하는 것을 연습한다. 진술은 풍문에 의해서가 아닌 아동의 흥미와 프로그램에 관련된 직접적인 지식에 근거해야 한다.
- 우리는 성별, 인종, 국적, 종교적 믿음, 혹은 다른 정치적 관계, 연령, 배우자 유무/가족 구성, 장애, 성적 취향 등으로 동료교사를 차별하는 일을 하지 않는다.

② 원장(고용주)에 대한 책임

이상

- 최고 품질의 서비스를 제공하기 위해서 프로그램 협조하기
- 아동을 보호하기 위한 법이나 규정을 위반하거나 이 강령의 조항을 위반하지 않음으로써 프로그램의 평판을 떨어뜨리지 않기

원칙

- 우리는 모든 프로그램 정책을 따른다. 프로그램 정책에 동의하지 않을 경우, 우리는 조직 내에서 건설적인 행동을 통해 변화를 꾀한다.
- 우리는 위임받은 경우에만 조직을 대신해서 말하고 행동한다. 우리가 조직을 위해 말하고 개인의 판단을 표현할 때 사실을 인정하는 것에 주의한다.
- 우리는 아동들을 보호하기 위한 법이나 규정을 위반하지 않으며 그러한 위반 사항을 발견했을 때 이 강령 안에서 적절한 조치를 취한다.
- 만일 아동들이 위험한 상황에 있을 경우 동료의 관심하에서도 상황이 나아지지 않는다면 우리는 적절한 관리기관에 동료의 비윤리성이나 무능함을 보고해야 한다.
- 프로그램 내의 양육과 교육의 질에 영향을 끼치는 주변환경이나 조건에 관여할 때, 우리는 프로그램 관리자나 필요에 따라 적절한 기관에 통보해야 한다.

③ 피고용인에 대한 책임

이상

- 조직구성원 사이에서 상호 간의 존중, 협동, 협조, 능력, 복지, 비밀성, 자존감 등을 증진시키는 안전하고 건강한 근무환경과 방침을 촉진하기
- 직원이 아동, 가족, 영유아의 양육과 교육영역에 대해 큰 흥미를 갖고 말하고 행동하도록 신뢰할 수 있는 정직한 분위기를 만들고 유지하기
- 영유아를 위해 일하는 사람들에게 공평하고 충분한 보상이 유지되도록 노력하기
- 숙련되고 노련한 실천자가 되기 위한 피고용인의 지속적인 발전을 격려하고 지원하기

원칙

- 아동과 프로그램에 관한 결정에서 우리는 교육, 훈련, 경험 그리고 직원의 전문성에 초점을 맞추어야 한다.
- 우리는 직원에게 확신을 주는 안전하고 협력적인 근무조건을 제공해야 하며 그들로 하여금 공정한 수행평가, 문서화된 고충사항, 건설적인 평가 정보 그리고 지속적인 전문가적 발전과 진보의 기회를 통해 그들의 책임을 이행할 수 있도록 해야 한다.
- 우리는 프로그램 표준을 정의하는 종합적으로 문서화된 개인 방침을 발전시키고 유지해야 한다. 이러한 방침들은 새로운 조직구성원들에게 주어져야 하며 모든 구성원들이 쉽게 접근하여 확인할 수 있어야 한다.
- 우리는 프로그램 기대에 못 미치는 업무 수행을 하는 피고용인에게 우려를 표명하고, 가능하다면 그들의 능력이 향상될 수 있도록 도와주어야 한다.
- 우리는 정당한 사유가 있을 때 적절한 법과 규정에 따라 피고용인을 면직 실행해야 한다. 우리는 면직되는 피고용인에게 자격 종료의 이유에 대해 설명해 주어야 한다. 만약 면직이 발생하는 경우, 정확히 문서화되고 현실적이며 해당 피고인이 확인 가능한 부적절한 행동의 증거에 기초해야 정당화된다.
- 평가와 추천이 이루어지는 경우, 우리는 사실에 기초하고 아동의 흥미와 프로그램에 관련하여 판단한다.
- 우리는 개인의 능력, 업무 성취, 해당 직무에 대한 책임 수행능력 그리고 그의 보살핌을 받는 아동의 발달수준에 적합한 전문적인 준비에 의해서만 채용, 유지, 면직 그리고 승진을 결정한다.
- 우리는 성별, 인종, 국적, 종교적 믿음, 연령, 배우자 유무/가족 구성, 장애, 성적 취향을 기준으로 채용, 유지, 면직 그리고 승진을 결정하지 않는다. 우리는 채용 차별에 관련된 법과 규정을 숙지하고 주의를 기울여야 한다.
- 우리는 피고용인의 업무 수행에 관련된 문제를 다룰 때 비밀을 유지해야 하며 피고용인의 사생활에 대한 권리를 존중해야 한다.

(4) 제4장 지역사회와 사회에 대한 윤리적 책임

보육기관은 지역사회와 유기적인 관계로 운영되는 기관이다. 지역사회의 요구와 영유아 및 가족들의 요구를 반영시키기 위해 체계적으로 협조하는 상호적 관계이다.

이상 : 개인적

- 지역사회에 높은 질의 아동 보호 및 교육 프로그램과 서비스 제공하기

이상 : 집단적

- 전문가와 관계기관 사이의 협조와 건강, 교육 그리고 아동, 그들의 가정, 보육교사들이 복지문제에 관심을 두는 전문가 간의 공동업무 제휴를 촉진하기
- 모든 아동이 건강관리, 음식 그리고 보호시설을 제공받고 양육되면 가정과 지역사회의 폭력으로부터 안전하게 생활하는 환경적으로 안전한 세상에 대한 교육, 연구, 지지업무를 수행하기
- 모든 아동들이 질 높은 보호와 교육 프로그램을 접할 수 있는 사회에 대한 교육, 연구, 지지업무를 수행하기
- 정보의 복합적인 출처를 포함하는 적합한 평가체계가 아동의 이익을 위한 목적으로 사용되는지 확인하는 업무를 수행하기
- 아동과 그들의 요구에 대한 지식과 이해를 증진한다. 아동의 권리에 대한 더 큰 사회적 인식을 꾀하고 모든 아동의 복지를 위한 더 큰 사회적 책무를 수용하기 위한 업무를 수행하기
- 아동과 가정의 복지를 증진시키기 위한 정책과 법을 지원하고 아동의 복지를 저해하는 것을 변화시키기 위한 업무 수행을 한다. 필요한 정책과 법의 발전에 참여하고, 이러한 노력을 하는 개인과 집단에 협력하기
- 아동기의 보호와 교육 분야의 전문적인 발전을 추진하고 이 강령에 반영된 핵심가치를 실현시키기 위한 책무를 강화하기

원칙 : 개인적

- 우리는 우리가 제공하는 프로그램의 범위와 본질에 대해 진실되고 개방된 교류를 한다.

- 우리는 우리가 개인적으로 적합하고 전문적으로 인증을 받은 위치에서 지원하고 수용하며 일해야 한다.
- 우리는 신중히 참고자료를 확인하고 해당 위치에 적합하지 않으며 자격이나 능력이 없는 사람을 고용하거나 추천하지 않는다.
- 우리는 우리의 프로그램 실행에 근거한 지식을 보고함에 있어서 객관적이고 정확해야 한다.
- 우리는 평가 전략과 도구의 적합한 사용에 대해 능숙해야 하며 가족들에게 그 결과를 설명해야 한다.
- 우리는 우리의 프로그램 안에서 아동을 보호하기 위한 법과 규정을 잘 알아야 하며, 이러한 법과 규정이 지켜지는지 확인하는 데 주의를 기울여야 한다.
- 우리가 아동의 건강, 안전, 복지에 위험을 끼치는 실행이나 상황을 깨닫게 되면 우리는 아동을 보호하거나 부모와 다른 사람에게 알려야 하는 윤리적 책임이 있다.
- 우리는 우리의 프로그램 내에서 아동을 보호하기 위한 법과 규정을 위반하는 일을 하지 않는다.
- 아동기 프로그램이 아동을 보호하는 법과 규정을 위반했다는 증거를 갖게 된다면 우리는 상황을 해결할 수 있는 적합한 기관에 위반사항을 보고하여야 한다.
- 프로그램이 이 강령을 위반하거나 피고용인으로 하여금 위반하도록 할 때에는 공정한 증거를 확인한 후에 그 프로그램의 본질을 공개하는 것이 허용된다.

원칙 : 집단적

- 정책들이 아동에게 도움을 주지 않는 목적으로 규정되면 우리는 이러한 실행을 변화시켜야 하는 공동체적 책임을 진다.
- 우리는 아동의 복지를 보장하는 관계 당국이 의무를 이행하지 못하고 있다는 증거를 확보하면 그 문제를 적절한 기관이나 대중에게 보고해야 하는 공동체적인 윤리적 책임을 진다. 우리는 상황이 해결될 때까지 계속 지켜봐야 한다.
- 아동보호기관이 학대받거나 방치된 아동에게 적절한 보호를 제공하지 못한다면 우리는 이러한 서비스를 개선하기 위한 일을 수행해야 할 공동체적인 윤리적 책임을 져야 한다는 것을 인식한다.

(5) 선언문

선언문의 내용은 다음과 같다.

선언문

영유아를 담당하는 교사로서 나는 NAEYC의 윤리강령에 반영되어 있는 대로 영유아의 보육에 대한 가치를 향상시키는 데 전념하겠습니다. 내 능력을 최대한 발휘해서 나는

- 영유아 보육 프로그램이 영유아발달과 보육의 최신 이론에 기초하도록 하겠습니다.
- 영유아를 양육하는 가정의 임무를 존중하고 지원하겠습니다.
- 영유아를 보육하는 동료들을 존중하고 그들이 NAEYC의 윤리강령을 준수할 수 있도록 지원하겠습니다.
- 지역사회와 공동체 내에서 영유아, 가정, 교사의 대변자로서의 역할을 다하겠습니다.
- 직업적 행동의 높은 기준을 유지하겠습니다.
- 개인의 가치, 의견, 편견이 전문적 판단에 얼마나 영향을 미칠 수 있는지 인식하겠습니다.
- 새로운 사상에 개방적인 자세를 취하고 다른 사람들의 주장으로부터 배울 것을 기꺼이 배우겠습니다.
- 전문가로서 끊임없이 배우고, 성장하며, 기여하겠습니다.
- NAEYC 윤리강령의 이상들과 원칙들을 존중하겠습니다.

CHAPTER

02

보육교사의 직무

1. 보육교사의 권리와 의무 | 2. 국가직무능력표준(NCS)에 따른 보육교사 직무

CHAPTER

02

본 장은 전반적인 보육교사의 직무에 대해 이야기하고 있다. 보육교사의 권리와 의무를 자격취득과정, 관련법 규정, 아동학대에 비추어 설명한다. 또한 최근 우리 사회의 주요 시스템으로 부상하고 있는 NCS에서 보육교사의 직무가 어떻게 규정되고 있는가를 살펴본다.

1. 보육교사의 권리와 의무

보육교사는 법적으로 교원으로서의 신분을 인정받지 못하고 어린이집 보육교직원이라는 신분을 부여받는다. 유치원교사와 유사한 직무를 수행하고 있음에도 불구하고 현재 이에 대한 법적 규정이 없는 실정이다. 그러므로 보육의 질 및 공공성 강화와 더불어 보육전문인으로서의 위상과 자부심 고취를 위해서는 보육교사의 법적 신분보장에 대한 정책적 숙고가 필요하다.

보육교사의 법적 지위와 책임에 대해서는 주로 「영유아보육법」과 이에 따른 「영유아보육법 시행령」, 「영유아보육법 시행규칙」, 지방자치단체의 자치법규인 보육조례에서 규정하고 있다. 또 「근로기준법」과 「남녀고용평등과 일 · 가정 양립 지원에 관한 법률」에 의거해 일반 근로자로서의 신분이 보장된다. 보육교사로서의 권리와 의무는 먼저 자격취득을 통해서 시작된다.

1) 보육교사 자격 취득에 대한 규정

2014년 12월 개정된 「영유아보육법」에 의하면 보육교사 자격기준과 취득 규정은 다음과 같다.

더 알아보기

〈개정 2014. 12. 30〉

어린이집의 원장과 보육교사의 자격기준(「영유아보육법」 제21조 관련)

1. 어린이집 원장의 자격기준
   가. 일반기준
      1) 보육교사 1급 자격을 취득한 후 3년 이상의 보육 등 아동복지업무 경력이 있는 사람
      2) 「유아교육법」에 따른 유치원 정교사 1급 자격을 취득한 후 3년 이상의 보육 등 아동복지업무 경력이 있는 사람
      3) 유치원 원장의 자격을 가진 사람
      4) 「초 · 중등교육법」에 따른 초등학교 정교사 자격을 취득한 후 5년 이상의 보육 등 아동

복지근무 경력이 있는 사람

5) 「사회복지사업법」에 따른 사회복지사 1급 자격을 취득한 후 5년 이상의 보육 등 아동복지업무 경력이 있는 사람

6) 「의료법」에 따른 간호사 면허를 취득한 후 7년 이상의 보육 등 아동복지업무 경력이 있는 사람

7) 국가 또는 지방자치단체에서 7급 이상의 공무원으로 보육 등 아동복지업무에 5년 이상 근무한 경력이 있는 사람

나. 가정어린이집

1) 일반기준에서 정한 자격을 갖춘 사람

2) 보육교사 1급 이상의 자격을 취득한 후 1년 이상의 보육업무 경력이 있는 사람

다. 영아 전담 어린이집 : 만 3세 미만의 영아만을 20명 이상 보육하는 어린이집

1) 일반기준에서 정한 자격을 갖춘 사람

2) 간호사 면허를 취득한 후 5년 이상의 아동간호업무 경력이 있는 사람

라. 장애아 전문 어린이집 : 「장애아동복지지원법」 제32조에 따른 장애영유아 어린이집 중 12명 이상의 장애영유아를 보육할 수 있는 어린이집

1) 일반기준에서 정한 자격을 갖춘 사람으로서 대학(전문대학을 포함한다)에서 장애인복지 및 재활 관련 학과를 전공한 사람

2) 일반기준에서 정한 자격을 갖춘 사람으로서 장애영유아 어린이집에서 2년 이상의 보육업무 경력이 있는 사람

마. 「고등교육법」에 따른 대학(전문대학을 포함한다) 또는 법 제21조 제2항 제2호에 따른 교육훈련시설이 운영(위탁 또는 부설 운영을 말한다)하는 어린이집

1) 가목에 따른 일반기준에서 정한 자격을 갖춘 사람

2) 어린이집을 운영하는 대학의 조교수 또는 교육훈련시설의 전임교수 이상으로서 보육 관련 교과목에 대하여 3년 이상의 교육 경력이 있는 사람

바. 가목부터 라목까지의 어느 하나에 해당하는 사람은 보건복지부령으로 정하는 사전직무교육을 받아야 한다.

2. 보육교사의 등급별 자격기준

등급	자격기준
보육교사 1급	가. 보육교사 2급 자격을 취득한 후 3년 이상의 보육업무 경력이 있는 사람으로서 보건복지부장관이 정하는 승급교육을 받은 사람 나. 보육교사 2급 자격을 취득한 후 보육 관련 대학원에서 석사학위 이상을 취득하고 1년 이상의 보육업무 경력이 있는 사람으로서 보건복지부장관이 정하는 승급교육을 받은 사람

등급	자격기준
보육교사 2급	가. 전문대학 또는 이와 같은 수준 이상의 학교에서 보건복지부령으로 정하는 보육 관련 교과목 및 학점을 이수하고 졸업한 사람 나. 보육교사 3급 자격을 취득한 후 2년 이상의 보육업무 경력이 있는 사람으로서 보건복지부장관이 정하는 승급교육을 받은 사람
보육교사 3급	고등학교 또는 이와 같은 수준 이상의 학교를 졸업한 사람으로서 보건복지부령으로 정하는 교육훈련시설에서 정해진 교육과정을 수료한 사람

※ 비고

1. "보육 등 아동복지업무 경력"이란 다음의 어느 하나에 해당하는 경력을 말한다.
   가. 다음의 어느 하나에 해당하는 경력
      1) 어린이집에서 어린이집의 원장, 보육교사, 특수교사[「초 · 중등교육법」 제21조 제2항에 따라 특수학교의 정교사, 준교사 또는 실기교사(담당과목이 재활복지과목인 경우만 해당한다)의 자격증을 가진 사람과 이에 준하는 사람으로 보건복지부장관이 인정하는 사람을 말한다. 이하 같다] 또는 치료사로 근무한 경력
      2) 육아종합지원센터에서 육아종합지원센터의 장, 보육전문요원, 특수교사, 대체교사 또는 일시보육 담당 보육교사로 근무한 경력
      3) 법 제26조의 2 제2항에 따른 일시보육서비스지정기관에서 기관의 장 또는 일시보육 담당 보육교사로 근무한 경력
   나. 「유아교육법」에 따른 유치원에서 원장, 원감, 수석교사 또는 교사로 근무한 경력
   다. 「아동복지법」에 따른 아동복지시설에서 시설장, 총무, 보육사, 생활복지사, 상담지도원 또는 자립지원전담요원으로 근무한 경력
   라. 「장애인복지법」에 따른 장애 영유아 거주시설에서 장애영유아와 관련된 업무에 종사한 경력
   마. 「유아교육법」 및 「초 · 중등교육법」에 따른 특수학교(유치원 과정)에서 특수학교 교원으로 근무한 경력
   바. 법률 제7120호 유아교육법 제정으로 폐지되기 전 「유아교육진흥법」에 따른 새마을유아원에서 근무한 경력
   사. 가목부터 바목까지의 아동복지업무를 수행하는 시설 등에서 간호사로 근무한 경력
   아. 국가 또는 지방자치단체에서 7급 이상의 공무원으로 보육 등 아동복지에 관한 행정업무에 종사한 경력
2. 보육업무 경력이란 다음의 어느 하나에 해당하는 경력을 말한다.

가. 다음의 어느 하나에 해당하는 경력

1) 어린이집에서 어린이집의 원장, 보육교사, 특수교사 또는 치료사로 근무한 경력

2) 육아종합지원센터에서 육아종합지원센터의 장, 보육전문요원, 특수교사, 대체교사 또는 일시보육 담당 보육교사로 근무한 경력

3) 법 제26조의 2 제2항에 따른 일시보육서비스지정기관에서 기관의 장 또는 일시보육 담당 보육교사로 근무한 경력

나. 「유아교육법」에 따른 교육과정과 방과후 과정을 운영하는 유치원에서 원장, 원감, 수석교사 또는 교사로 근무한 경력

3. "아동간호업무 경력"이란 병원의 소아청소년과나 신생아실, 보건소 모자보건센터, 초등학교 보건실 등에서 근무한 경력을 말한다.

출처 : 법제처 국가법령정보센터(http://www.moleg.go.kr).

보육교사 양성을 위한 교육과정은 개정 「영유아보육법」 제12조 제1항에 명시되어 있다. 보육현장에서 다양한 직무를 잘 수행할 수 있도록 교육과정을 구성해야 한다는 취지하에, 2014년 3월 1일부터 보육교사 자격취득을 위해 대학 등에서 이수하여야 할 교과목 및 학점이 17과목 이상 총 51학점 이상으로 강화되었다. 2016년 1월에는 보육교사 자격관리와 전문성 강화를 위해 자격취득 교과목과 학점이 일부 변경되었다. 이에 따르면 현장실습기간이 기존 160시간에서 240시간으로 늘어났고 대면교육이 강화되었다. 개정된 규정은 다음과 같다.

더 알아보기

〈개정 2016. 1. 12〉

보육 관련 교과목 및 학점(「영유아보육법」제12조 제1항 관련)

1. 대학 등에서 이수하여야 할 교과목 및 학점 일반

영역		교과목	이수과목(학점)
가. 교사 인성	보육교사(인성)론, 아동권리와 복지		2과목 (6학점)
나. 보육 지식과 기술	필수	보육학개론, 보육과정, 영유아발달, 영유아 교수방법론, 놀이지도, 언어지도, 아동음악(또는 아동동작, 아동미술), 아동수학지도(또는 아동과학지도), 아동안전관리(또는 아동생활지도)	9과목 (27학점)
	선택	아동건강교육, 영유아 사회정서지도, 아동문학교육, 아동상담론, 장애아 지도, 특수아동 이해, 어린이집 운영관리, 영유아 보육 프로그램 개발과 평가, 보육정책론, 정신건강론, 인간행동과 사회환경, 아동간호학, 아동영양학, 부모교육론, 가족복지론, 가족관계론, 지역사회복지론	4과목 (12학점) 이상
다. 보육 실무	아동관찰 및 행동연구, 보육실습		2과목 (6학점)

※ 비고

1. 교과목의 명칭이 서로 다르더라도 교과목의 내용이 비슷하면 같은 교과목으로 인정하고, 다목의 교과목 중 보육실습은 교과목 명칭과 관계없이 보육실습기관과 보육실습기간의 조건을 충족하면 보육실습으로 인정한다.
2. 각 교과목은 3학점을 기준으로 하되, 최소 2학점이어야 한다.
3. 17과목 이상, 51학점 이상 이수하여야 한다.

2. 대면 교과목

영역	교과목
가. 교사 인성	보육교사(인성)론, 아동권리와 복지
나. 보육 지식과 기술	놀이지도, 언어지도, 아동음악(또는 아동동작, 아동미술), 아동수학지도(또는 아동과학지도), 아동안전관리(또는 아동생활지도)
다. 보육 실무	아동관찰 및 행동연구, 보육실습

※ 비고

1. 대면 교과목은 8시간 이상 출석수업과 1회 이상 출석시험을 실시한다.

2. 다목의 교과목 중 보육실습에 관한 기준은 다음 각 목에 따른다.

 가. 보육실습은 이론수업과 보육현장실습으로 운영한다.

 나. 보육현장실습은 6주 이상 240시간 이상을 원칙으로 하되, 2회에 나누어 실시할 수 있다.

 다. 보육교사의 자격을 취득하려는 사람이 보육실습을 신청하는 때에 법적으로 인가받은 정원 15명 이상으로 평가인증을 유지하는 어린이집 또는 교육과정과 방과후 과정을 운영하는 유치원에서 보육교사 1급 또는 유치원 정교사 1급 자격을 가진 사람이 보육실습을 지도하여야 한다. 이 경우 실습 지도교사 1명당 보육실습생은 3명 이하로 한다.

 라. 보육실습은 평일 오전 9시부터 오후 7시 사이에 한 경우에만 인정하며, 보육실습시간은 하루 8시간을 초과할 수 없다.

 마. 보육실습의 평가는 보건복지부장관이 정하는 보육실습일지와 보육실습평가서에 근거하여 하되, 평가점수가 80점 이상인 경우에만 보육실습을 이수한 것으로 인정한다.

출처 : 법제처 국가법령정보센터(http://www.moleg.go.kr).

2) 법적 지위에서 본 보육교사의 권리와 의무

「영유아보육법」 제3장에서는 보육교사의 배치, 직무, 임면, 결격사유, 자격인정과 자격증 교부, 보수교육 등에 관련해 규정하고 있다. 보육교사는 보건복지부장관 명의의 자격증을 받으며, 학력과 경력에 따라 1~3급으로 구분된다. 보육교사는 어린이집에서 직무활동 시 원장의 관리감독을 받아야 할 의무가 있고, 자격증 등의 명의 대여를 하지 말아야 하며, 해당 보수교육을 받아야 할 의무가 있다. 최근 들어 보수교육은 아동학대, 성교육, 안전교육, 인성교육 등을 더욱 강화했으며 이를 3회까지 이수하지 않으면 자격이 정지된다. 보육교사는 「아동학대범죄의 처벌 등에 관한 특례법」(2014)에서 규정한 아동학대신고의무자에 포함되며, 정당한 사유 없이 신고의무를 불이행할 경우 500만 원 이하의 과태료를 부과받을 수 있다. 그러므로 학대신고와 관련한 교육을 자격취득과정과 보수교육에서 뿐만 아니라 어린이집 내에서도 매년 1시간 이상 이수해야 한다. 물론 보육교사도 학대신고에 대한 신고자보호를 법적으로 보장받을 수 있다.

이 외에도 「영유아보육법」에서 찾아볼 수 있는 권리와 의무는, 2015년 신설된 '폐쇄회로 텔레비전의 설치'제15조 제4항와 '영상정보의 열람금지'제15조 제5항 조항에서 제시되고 있다. 이 조항들에 따르면 보육교직원은 영유아와 관련해 정보주체의 권리보호 및 사생활 침해를 보호해야 할 의무가 있는 동시에, 자신들도 정보주체로서 보호받을 권리가 있다. 제7조 '육아종합지원센터'에 관한 조항에서는 상담전문요원을 배치하여 보육교직원의 직무스트레스와 정서적 · 심리적 어려움에 대한 심리상담을 제공할 것을 명시하였다. 또한 어린이집 원장은 영유아뿐 아니라 보육교사의 건강을 정기적으로 관리해야 하며제31조, 보육교직원은 어린이집 안전사고로 인한 생명 · 신체 또는 재산상의 피해를 보상받을 수 있다제31조의 2.

이러한 다수의 내용들은 궁극적으로 영유아의 인권 및 건강과 안전을 위해 보육교직원이 지켜야 할 의무이며, 역으로 같은 상황에 처했을 때 보육교직원이 존중받고 대우받아야 할 권리이기도 하다. 또 보육교사가 부정행위로 자격증을 취득하거나 명의대여 금지 의무를 위반한 경우, 아동학대를 포함 중대과실을 저지른 경우 등에는 자격취소가 될 수도 있으므로 법규를 준수해야 한다제47조, 제48조.

더 알아보기

「영유아보육법」 제3장에 명시된 보육교직원 권리 및 의무에 관련된 법조항 발췌

제3장 보육교직원 〈개정 2011. 6. 7〉

제17조(보육교직원의 배치) ① 어린이집에는 보육교직원을 두어야 한다. 〈개정 2011. 6. 7〉

② 어린이집에는 보육교사의 업무 부담을 경감할 수 있도록 보조교사 등을 둔다. 〈신설 2015. 5. 18〉

③ 휴가 또는 보수교육 등으로 보육교사의 업무에 공백이 생기는 경우에는 이를 대체할 수 있는 대체교사를 배치한다. 〈신설 2015. 5. 18〉

④ 보육교직원 및 그 밖의 인력의 배치기준 등에 필요한 사항은 보건복지부령으로 정한다. 〈개정 2008. 2. 29, 2010. 1. 18, 2011. 6. 7, 2015. 5. 18〉

[전문개정 2007. 10. 17]

[제목개정 2011. 6. 7]

제18조(보육교직원의 직무) ① 어린이집의 원장은 어린이집을 총괄하고 보육교사와 그 밖의 직원을 지도 · 감독하며 영유아를 보육한다. 〈개정 2011. 6. 7〉

② 보육교사는 영유아를 보육하고 어린이집의 원장이 불가피한 사유로 직무를 수행할 수 없을 때에는 그 직무를 대행한다. 〈개정 2011. 6. 7〉

[전문개정 2007. 10. 17]

[제목개정 2011. 6. 7]

제18조의 2(보육교직원의 책무) 보육교직원은 영유아를 보육함에 있어 영유아에게 신체적 고통이나 고성 · 폭언 등의 정신적 고통을 가하여서는 아니 된다.

[본조신설 2015. 5. 18]

제19조(보육교직원의 임면 등) ① 특별자치도지사 · 시장 · 군수 · 구청장은 보육교직원의 권익 보장과 근로여건 개선을 위하여 보육교직원의 임면(任免)과 경력 등에 관한 사항을 관리하여야 한다. 〈개정 2011. 6. 7, 2011. 8. 4〉

② 어린이집의 원장은 보건복지부령으로 정하는 바에 따라 보육교직원의 임면에 관한 사항을 특별자치도지사 · 시장 · 군수 · 구청장에게 보고하여야 한다. 〈개정 2008. 2. 29, 2010. 1. 18, 2011. 6. 7, 2011. 8. 4〉

[전문개정 2007. 10. 17]

[제목개정 2011. 6. 7]

제20조(결격사유) 다음 각 호의 어느 하나에 해당하는 자는 어린이집에 근무할 수 없다. 〈개정 2011. 6. 7, 2013. 8. 13〉

1. 제16조 각 호의 어느 하나에 해당하는 자
2. 제46조나 제47조에 따라 자격정지 중인 자
3. 제48조 제1항에 따라 자격이 취소된 후 같은 조 제2항에 따른 자격 재교부 기한이 경과되지 아니한 자

[전문개정 2007. 10. 17]

제21조(어린이집의 원장 또는 보육교사의 자격) ① 어린이집의 원장은 대통령령으로 정하는 자격을 가진 자로서 보건복지부장관이 검정 · 수여하는 자격증을 받은 자이어야 한다. 〈개정 2008. 2. 29, 2010. 1. 18, 2011. 6. 7〉

② 보육교사는 다음 각 호의 어느 하나에 해당하는 자로서 보건복지부장관이 검정 · 수여하는 자격증을 받은 자이어야 한다. 〈개정 2008. 1. 17, 2008. 2. 29, 2010. 1. 18, 2011. 8. 4〉

1. 「고등교육법」 제2조에 따른 학교에서 보건복지부령으로 정하는 보육 관련 교과목과 학점을 이수하고 전문학사학위 이상을 취득한 사람

1의 2. 법령에 따라 「고등교육법」 제2조에 따른 학교를 졸업한 사람과 같은 수준 이상의 학력

이 있다고 인정된 사람으로서 보건복지부령으로 정하는 보육 관련 교과목과 학점을 이수하고 전문학사학위 이상을 취득한 사람

2. 고등학교 또는 이와 같은 수준 이상의 학교를 졸업한 자로서 시 · 도지사가 지정한 교육훈련시설에서 소정의 교육과정을 이수한 사람

③ 제2항에 따른 보육교사의 등급은 1 · 2 · 3급으로 하고, 등급별 자격기준은 대통령령으로 정한다.

④ 제2항 제2호에 따른 교육훈련시설의 지정 및 지정 취소, 교육과정 등에 필요한 사항은 보건복지부령으로 정한다. 〈신설 2011. 8. 4〉

[전문개정 2007. 10. 17]

[제목개정 2011. 6. 7]

제22조(어린이집의 원장 또는 보육교사 자격증의 교부 등) ① 보건복지부장관은 제21조 제1항 및 제2항에 따라 어린이집의 원장 또는 보육교사의 자격을 검정하고 자격증을 교부하여야 한다. 〈개정 2008. 2. 29, 2010. 1. 18, 2011. 6. 7〉

② 보건복지부장관은 제1항에 따른 어린이집의 원장 또는 보육교사의 자격증을 교부받거나 재교부(이하 "보육자격증 교부 등"이라 한다)를 받으려는 사람에게 보건복지부령으로 정하는 바에 따라 수수료를 받을 수 있다. 〈신설 2011. 6. 7〉

③ 삭제 〈2011. 8. 4〉

④ 삭제 〈2011. 8. 4〉

⑤ 제51조의 2 제1항 제2호에 따라 보육자격증 교부 등에 관한 업무를 위탁받은 공공 또는 민간 기관 · 단체는 제2항에 따라 납부받은 수수료를 보건복지부장관의 승인을 받아 보육자격증 교부 등에 필요한 경비에 직접 충당할 수 있다. 〈신설 2011. 6. 7, 2011. 8. 4〉

⑥ 보육자격증 교부 등에 필요한 사항은 보건복지부령으로 정한다. 〈개정 2008. 2. 29, 2010. 1. 18, 2011. 6. 7〉

[전문개정 2007. 10. 17]

[제목개정 2011. 6. 7]

제22조의 2(명의대여 등의 금지) 어린이집의 원장 또는 보육교사는 다른 사람에게 자기의 성명이나 어린이집의 명칭을 사용하여 어린이집의 원장 또는 보육교사의 업무를 수행하게 하거나 자격증을 대여하여서는 아니 된다. 〈개정 2011. 6. 7〉

[전문개정 2007. 10. 17]

제23조(어린이집 원장의 보수교육) ① 보건복지부장관은 어린이집 원장의 자질 향상을 위한 보수교육(補修敎育)을 실시하여야 한다. 이 경우 보수교육은 집합교육을 원칙으로 한다. 〈개정 2008. 2. 29, 2010. 1. 18, 2011. 6. 7, 2011. 12. 31, 2015. 5. 18〉

② 제1항에 따른 보수교육은 사전직무교육과 직무교육으로 구분한다. 〈개정 2011. 12. 31〉

③ 삭제 〈2011. 8. 4〉

④ 제1항에 따른 보수교육에는 다음 각 호의 사항에 관한 내용을 포함하여야 한다. 〈신설 2015. 5. 18, 2015. 12 .29〉

1. 성폭력 및 아동학대 예방
2. 실종 · 유괴의 예방과 방지
3. 감염병 및 약물의 오남용 예방 등 보건위생관리
4. 재난 대비 안전
5. 교통안전
6. 어린이집 원장의 인성함양(영유아의 인권보호교육을 포함한다)
7. 그 밖에 보건복지부령으로 정하는 사항

⑤ 그 밖에 보수교육의 기간 · 방법 등에 필요한 사항은 보건복지부령으로 정한다. 〈개정 2008. 2. 29, 2010. 1. 18, 2011. 8. 4, 2015. 5. 18〉

[전문개정 2007. 10. 17]

[제목개정 2011. 12. 31]

제23조의 2(보육교사의 보수교육) ① 보건복지부장관은 보육교사의 자질 향상을 위한 보수교육(補修敎育)을 실시하여야 한다. 이 경우 보수교육은 집합교육을 원칙으로 한다. 〈개정 2015. 5. 18〉

② 제1항에 따른 보수교육은 직무교육과 승급교육으로 구분한다.

③ 제1항에 따른 보수교육에는 다음 각 호의 사항에 관한 내용을 포함하여야 한다. 〈신설 2015. 5. 18, 2015. 12. 29〉

1. 성폭력 및 아동학대 예방
2. 실종 · 유괴의 예방과 방지
3. 감염병 및 약물의 오남용 예방 등 보건위생관리
4. 재난 대비 안전
5. 교통안전
6. 보육교사의 인성함양(영유아의 인권보호교육을 포함한다)
7. 그 밖에 보건복지부령으로 정하는 사항

④ 그 밖에 보수교육의 기간 · 방법 등에 필요한 사항은 보건복지부령으로 정한다. 〈개정 2015. 5. 18〉

[본조신설 2011. 12. 31]

제23조의 3(교육명령) ① 보건복지부장관은 「아동복지법」 제3조 제7호의 2에 따른 아동학대 관

련 범죄를 저지른 사람이 제16조 제5호부터 제8호까지의 결격사유 및 제20조 제1호의 결격사유(제16조 제5호부터 제8호까지의 결격사유에 해당하는 경우에 한정한다)에 해당하지 아니하게 되어 어린이집을 설치 · 운영하거나 어린이집에 근무하려는 경우에는 그 사람에 대하여 사전에 아동학대 방지를 위한 교육을 받도록 명하여야 한다. 이 경우 교육 실시에 드는 비용은 교육을 받는 사람이 부담한다. 〈개정 2015. 5. 18〉

② 제1항에 따른 교육명령의 조치와 관련한 절차, 교육기관, 교육방법 · 내용 등에 필요한 사항은 보건복지부령으로 정한다.

[본조신설 2013. 8. 13]

출처 : 법제처 국가법령정보센터(http://www.moleg.go.kr).

더 알아보기

「영유아보육법」 제3장 이외 법조항들에 나타난 보육교직원의 권리 및 의무 관련 사항

제2조(정의) 제5항 "보육교직원"이란 어린이집 영유아의 보육, 건강관리 및 보호자와의 상담, 그 밖에 어린이집의 관리 · 운영 등의 업무를 담당하는 자로서 어린이집의 원장 및 보육교사와 그 밖의 직원을 말한다.

제4조(책임) ① 모든 국민은 영유아를 건전하게 보육할 책임을 진다.

④ 국가와 지방자치단체는 보육교직원의 양성 및 근로여건 개선을 위하여 노력하여야 한다. 〈신설 2015. 5. 18〉

제7조(육아종합지원센터) ② 제1항에 따른 중앙육아종합지원센터와 지방육아종합지원센터(이하 "육아종합지원센터"라 한다)에는 육아종합지원센터의 장과 보육에 관한 정보를 제공하는 보육전문요원 및 보육교직원의 정서적 · 심리적 상담 등의 업무를 하는 상담전문요원 등을 둔다. 〈개정 2013. 6. 4, 2015. 5. 18〉

제15조의 4(폐쇄회로 텔레비전의 설치 등) ① 어린이집을 설치 · 운영하는 자는 아동학대 방지 등 영유아의 안전과 어린이집의 보안을 위하여 「개인정보 보호법」 및 관련 법령에 따른 폐쇄회로 텔레비전(이하 "폐쇄회로 텔레비전"이라 한다)을 설치 · 관리하여야 한다. 다만, 다음 각 호의 어느 하나에 해당하는 경우에는 그러하지 아니하다.

1. 어린이집을 설치 · 운영하는 자가 보호자 전원의 동의를 받아 시장 · 군수 · 구청장에게 신고한 경우
2. 어린이집을 설치 · 운영하는 자가 보호자 및 보육교직원 전원의 동의를 받아 「개인정보 보호법」 및 관련 법령에 따른 네트워크 카메라를 설치한 경우

② 제1항에 따라 폐쇄회로 텔레비전을 설치 · 관리하는 자는 영유아 및 보육교직원 등 정보주체의 권리가 침해되지 아니하도록 다음 각 호의 사항을 준수하여야 한다.

1. 아동학대 방지 등 영유아의 안전과 어린이집의 보안을 위하여 최소한의 영상정보만을 적법하고 정당하게 수집하고, 목적 외의 용도로 활용하지 아니하도록 할 것
2. 영유아 및 보육교직원 등 정보주체의 권리가 침해받을 가능성과 그 위험 정도를 고려하여 영상정보를 안전하게 관리할 것
3. 영유아 및 보육교직원 등 정보주체의 사생활 침해를 최소화하는 방법으로 영상정보를 처리할 것

③ 어린이집을 설치 · 운영하는 자는 폐쇄회로 텔레비전에 기록된 영상정보를 60일 이상 보관하여야 한다.

④ 제1항에 따른 폐쇄회로 텔레비전의 설치 · 관리기준 및 동의 또는 신고의 방법 · 절차 · 요건, 제3항에 따른 영상정보의 보관기준 및 보관기간 등에 필요한 사항은 보건복지부령으로 정한다.

[본조신설 2015. 5. 18]

제15조의 5(영상정보의 열람금지 등) ① 폐쇄회로 텔레비전을 설치 · 관리하는 자는 다음 각 호의 어느 하나에 해당하는 경우를 제외하고는 제15조의 4 제1항의 영상정보를 열람하게 하여서는 아니 된다.

④ 국가 및 지방자치단체는 어린이집에 설치한 폐쇄회로 텔레비전의 설치 · 관리와 그 영상정보의 열람으로 영유아 및 보육교직원 등 정보주체의 권리가 침해되지 아니하도록 설치 · 관리 및 열람 실태를 보건복지부령으로 정하는 바에 따라 매년 1회 이상 조사 · 점검하여야 한다.

[본조신설 2015. 5. 18]

제16조(결격사유) 다음 각 호의 어느 하나에 해당하는 자는 어린이집을 설치 · 운영할 수 없다. 〈개정 2011. 6. 7, 2013. 8. 13, 2014. 5. 28, 2015. 5. 18〉

1. 미성년자 · 피성년후견인 또는 피한정후견인
2. 「정신보건법」 제3조 제1호의 정신질환자
3. 「마약류 관리에 관한 법률」 제2조 제1호의 마약류에 중독된 자
4. 파산선고를 받고 복권되지 아니한 자
5. 금고 이상의 실형을 선고받고 그 집행이 종료(집행이 종료된 것으로 보는 경우를 포함한다)

되거나 집행이 면제된 날부터 5년(「아동복지법」 제3조 제7호의 2에 따른 아동학대 관련 범죄를 저지른 경우에는 20년)이 경과되지 아니한 자

6. 금고 이상의 형의 집행유예를 선고받고 그 유예기간 중에 있는 사람. 다만, 「아동복지법」 제3조 제7호의 2에 따른 아동학대 관련 범죄로 금고 이상의 형의 집행유예를 선고받은 경우에는 그 집행유예가 확정된 날부터 20년이 지나지 아니한 사람
7. 제45조에 따라 어린이집의 폐쇄명령을 받고 5년이 경과되지 아니한 자
8. 제54조에 따라 300만 원 이상의 벌금형이 확정된 날부터 2년이 지나지 아니한 사람 또는 「아동복지법」 제3조 제7호의 2에 따른 아동학대 관련 범죄로 벌금형이 확정된 날부터 10년이 지나지 아니한 사람
9. 제23조의 3에 따른 교육명령을 이행하지 아니한 자

제25조(어린이집운영위원회) ① 어린이집의 원장은 어린이집 운영의 자율성과 투명성을 높이고 지역사회와의 연계를 강화하여 지역 실정과 특성에 맞는 보육을 실시하기 위하여 어린이집에 어린이집운영위원회를 설치 · 운영할 수 있다. 다만, 제26조에 따른 취약보육(脆弱保育)을 우선적으로 실시하여야 하는 어린이집과 대통령령으로 정하는 어린이집은 어린이집운영위원회를 설치 · 운영하여야 한다. 〈개정 2011. 6. 7〉

② 어린이집운영위원회는 그 어린이집의 원장, 보육교사 대표, 학부모 대표 및 지역사회 인사(직장어린이집의 경우에는 그 직장의 어린이집업무 담당자로 한다)로 구성한다. 이 경우 학부모 대표가 2분의 1 이상이 되도록 구성하여야 한다. 〈개정 2011. 6. 7, 2015. 5. 18〉

④ 어린이집운영위원회는 다음 각 호의 사항을 심의한다. 〈개정 2011. 6. 7, 2011. 8. 4, 2013. 8. 13, 2015. 5. 18〉

1. 어린이집 운영 규정의 제정이나 개정에 관한 사항
2. 어린이집 예산 및 결산의 보고에 관한 사항
3. 영유아의 건강 · 영양 및 안전에 관한 사항

3의2. 아동학대 예방에 관한 사항

4. 보육시간, 보육과정의 운영방법 등 어린이집의 운영에 관한 사항
5. 보육교직원의 근무환경 개선에 관한 사항
6. 영유아의 보육환경 개선에 관한 사항
7. 어린이집과 지역사회의 협력에 관한 사항
8. 보육료 외의 필요경비를 받는 경우 제38조에 따른 범위에서 그 수납액 결정에 관한 사항
9. 그 밖에 어린이집 운영에 대한 제안 및 건의사항

⑤ 어린이집운영위원회는 연간 4회 이상 개최하여야 한다. 〈신설 2015. 5. 18〉

⑥ 그 밖에 어린이집운영위원회의 설치 · 운영에 필요한 사항은 보건복지부령으로 정한다.

〈개정 2008. 2. 29, 2010. 1. 18, 2011. 6. 7, 2015. 5. 18〉

[전문개정 2007. 10. 17]

[제목개정 2011. 6. 7]

제31조(건강관리 및 응급조치) ① 어린이집의 원장은 영유아와 보육교직원에 대하여 정기적으로 건강진단을 실시하는 등 건강관리를 하여야 한다.

제31조의 2(어린이집 안전공제사업 등) ① 어린이집 상호 간의 협동조직을 통하여 어린이집의 안전사고를 예방하고 어린이집 안전사고로 인하여 생명 · 신체 또는 재산상의 피해를 입은 영유아 및 보육교직원 등에 대한 보상을 하기 위하여 보건복지부장관의 허가를 받아 어린이집 안전공제사업(이하 "공제사업"이라 한다)을 할 수 있다.

제42조의 2(위법행위의 신고 및 신고자 보호) ① 누구든지 다음 각 호의 어느 하나에 해당하는 자를 관계 행정기관이나 수사기관에 신고 또는 고발할 수 있다.

1. 거짓이나 그 밖의 부정한 방법으로 보조금을 교부받거나 유용한 자
5. 「아동복지법」 제3조 제7호에 따른 아동학대 행위를 한 자
6. 그 밖에 보건복지부령으로 정하는 자

② 어린이집을 설치 · 운영하는 자는 보육교직원이 제1항에 따른 신고 또는 고발을 하였다는 이유로 「공익신고자 보호법」 제2조 제6호에 따른 불이익조치를 하여서는 아니 된다.

[본조신설 2015. 5. 18]

제44조(시정 또는 변경 명령) 보건복지부장관, 시 · 도지사 또는 시장 · 군수 · 구청장은 어린이집이 다음 각 호의 어느 하나에 해당하면 어린이집의 원장 또는 그 설치 · 운영자에게 기간을 정하여 그 시정 또는 변경을 명할 수 있다. 〈개정 2008. 2. 29, 2010. 1. 18, 2011. 6. 7, 2011. 8. 4, 2013. 6. 4, 2013. 8. 13, 2015. 5. 18, 2015. 12. 29〉

2의 2. 제15조의 4에 따른 폐쇄회로 텔레비전의 설치 · 관리 및 영상정보의 보관기준을 위반한 경우

3. 제17조 제2항에 따른 보육교직원의 배치기준을 위반한 경우

3의 2. 제19조 제2항에 따른 보육교직원의 임면에 관한 사항을 보고하지 아니하거나 거짓으로 보고한 경우

제46조(어린이집의 원장의 자격정지) 보건복지부장관은 어린이집의 원장이 다음 각 호의 어느 하나에 해당하면 1년(「아동복지법」 제3조 제7호에 따른 아동학대 행위로 제1호가목에 해당하게 된 경우에는 2년) 이내의 범위에서 보건복지부령으로 정하는 바에 따라 그 자격을 정지시킬 수 있다. 〈개정 2008. 2. 29, 2010. 1. 18, 2011. 6. 7, 2013. 6. 4, 2015. 5. 18〉

1. 어린이집의 원장이 업무 수행 중 고의나 중대한 과실로 영유아에게 손해를 입힌 경우로서 다음 각 목의 어느 하나에 해당하는 경우

가. 영유아의 생명을 해치거나 신체 또는 정신에 중대한 손해를 입힌 경우

나. 제24조에 따른 운영기준을 위반하여 손해를 입힌 경우

다. 제33조에 따라 보건복지부령으로 정한 급식기준을 위반하여 손해를 입힌 경우

라. 그 밖에 손해를 입힌 경우

2. 해당 업무 수행에 필요한 자격이 없는 자를 채용하여 보육교사 · 간호사 또는 영양사 등의 업무를 수행하게 한 경우
3. 제23조에 따른 보수교육을 연속하여 3회 이상 받지 아니한 경우
4. 거짓이나 그 밖의 부정한 방법으로 보조금을 교부받거나 보조금을 유용한 경우
5. 「공익신고자 보호법」 제2조 제2호에 따른 공익신고를 한 보육교직원에게 같은 조 제6호에 따른 불이익조치를 한 경우

[전문개정 2007. 10. 17]

[제목개정 2011. 6. 7]

제47조(보육교사의 자격정지) 보건복지부장관은 보육교사가 다음 각 호의 어느 하나에 해당하면 1년(「아동복지법」 제3조 제7호에 따른 아동학대 행위로 제1호에 해당하게 된 경우에는 2년) 이내의 범위에서 보건복지부령으로 정하는 바에 따라 그 자격을 정지시킬 수 있다. 〈개정 2008. 2. 29, 2010. 1. 18, 2011. 12. 31, 2015. 5. 18〉

1. 보육교사가 업무 수행 중 그 자격과 관련하여 고의나 중대한 과실로 손해를 입힌 경우
2. 제23조의 2에 따른 보수교육을 연속하여 3회 이상 받지 아니한 경우

제48조(어린이집의 원장 또는 보육교사의 자격취소) ① 보건복지부장관은 어린이집의 원장 또는 보육교사가 다음 각 호의 어느 하나에 해당하면 그 자격을 취소할 수 있다. 〈개정 2008. 2. 29, 2010. 1. 18, 2011. 6. 7, 2011. 8. 4, 2013. 8. 13, 2015. 5. 18〉

1. 거짓이나 그 밖의 부정한 방법으로 자격증을 취득한 경우
2. 자격 취득자가 업무 수행 중 그 자격과 관련하여 고의나 중대한 과실로 손해를 입히고 금고 이상의 형을 선고받은 경우
3. 「아동복지법」 제3조 제7호의 2에 따른 아동학대 관련 범죄로 처벌을 받은 경우
4. 제22조의 2에 따른 명의대여 금지 등의 의무를 위반한 경우
5. 자격정지처분기간 종료 후 3년 이내에 자격정지처분에 해당하는 행위를 한 경우
6. 자격정지처분을 받고도 자격정지처분기간 이내에 자격증을 사용하여 자격 관련 업무를 수행한 경우
7. 자격정지처분을 3회 이상 받은 경우
8. 제46조 제4호에 해당하여 금고 이상의 형을 선고받은 경우

② 보건복지부장관은 제1항에 따라 자격이 취소된 사람에게는 그 취소된 날부터 다음 각 호의

구분에 따라 자격을 재교부하지 못한다. 〈신설 2013. 8. 13, 2015. 5. 18〉

1. 제1항 각 호의 사항 중 제3호 이외의 어느 하나에 해당하는 경우 : 2년
2. 제1항 제3호에 해당하는 경우 : 10년(다만, 「아동복지법」 제3조 제7호의 2에 따른 아동학대 관련 범죄로 금고 이상의 실형을 선고받고 그 집행이 종료되거나 집행이 면제된 날부터 20년이 지나지 아니한 사람 또는 「아동복지법」 제3조 제7호의 2에 따른 아동학대 관련 범죄로 금고 이상의 형의 집행유예가 확정된 날부터 20년이 지나지 아니한 사람에게는 자격을 재교부할 수 없다)

출처 : 법제처 국가법령정보센터(http://www.moleg.go.kr).

더 알아보기

〈개정 2015. 9. 18〉

「영유아보육법」에 나타난 어린이집의 원장 및 보육교사에 대한 행정처분의 세부기준(제39조 제2항 관련)

1. 일반기준
   가. 위반행위의 횟수에 따른 자격정지기준은 그 위반행위가 있은 날 이전 최근 3년간 같은 위반행위로 자격정지처분을 받은 경우에 적용한다.
   나. 위반행위가 둘 이상인 경우에는 그중 무거운 처분기준의 2분의 1까지 늘릴 수 있다. 이 경우 각 처분기준을 합산한 기간이나 1년을 초과할 수 없다.
   다. 특별자치도지사 · 시장 · 군수 · 구청장은 위반행위의 동기 · 내용 및 횟수 등을 고려하여 제2호 및 제3호에 따른 자격정지기간을 2분의 1의 범위에서 늘리거나 줄일 수 있다. 다만, 늘리는 경우에도 1년을 초과할 수 없다.

2. 어린이집 원장의 자격정지 개별기준

위반행위	근거 법조문	처분기준		
		1차 위반	2차 위반	3차 위반
가. 어린이집의 원장이 업무 수행 중 고의나 중대한 과실로 손해를 입힌 경우로서 다음의 어느 하나에 해당하는 경우	법 제46조 제1호			

위반행위	근거 법조문	처분기준		
		1차 위반	2차 위반	3차 위반
1) 영유아에게 중대한 생명 · 신체 또는 정신적 손해를 입힌 경우		자격정지 1년 (「아동복지법」 제3조 제7호에 따른 아동학대 행위인 경우에는 2년)	자격정지 1년 (「아동복지법」 제3조 제7호에 따른 아동학대 행위인 경우에는 2년)	자격정지 1년 (「아동복지법」 제3조 제7호에 따른 아동학대 행위인 경우에는 2년)
2) 어린이집의 운영일 및 운영시간에 관한 기준을 고의적으로 위반하여 손해를 입힌 경우		자격정지 1년	자격정지 1년	자격정지 1년
3) 비위생적인 급식을 제공하거나 영유아 안전보호를 태만히 하여 영유아에게 생명 · 신체 또는 정신적 손해를 입힌 경우		자격정지 6개월	자격정지 1년	자격정지 1년
4) 그 밖의 경우		자격정지 3개월	자격정지 6개월	자격정지 1년
나. 보육교사 · 간호사 또는 영양사 등 해당 업무 수행에 필요한 자격이 없는 사람을 채용하여 해당 업무를 수행하게 한 경우	법 제46조 제2호	자격정지 3개월	자격정지 6개월	자격정지 1년
다. 법 제23조에 따른 보수교육을 연속하여 3회 이상 받지 아니한 경우	법 제46조 제3호	자격정지 1개월	자격정지 3개월	자격정지 6개월
라. 거짓이나 그 밖의 부정한 방법으로 보조금을 받거나 보조금을 유용한 경우	법 제46조 제4호			
1) 아동 또는 보육교직원을 허위로 등록하는 등 거짓이나 부정한 방법으로 다음의 어느 하나의 금액에 해당하는 보조금을 교부받은 경우				
가) 500만 원 이상		자격정지 1년	자격정지 1년	자격정지 1년
나) 300만 원 이상 500만 원 미만		자격정지 6개월	자격정지 1년	자격정지 1년
다) 100만 원 이상 300만 원 미만		자격정지 3개월	자격정지 6개월	자격정지 1년
라) 100만 원 미만		자격정지 1개월	자격정지 3개월	자격정지 1년
2) 보조금을 목적 외로 사용하는 등 거짓이나 부정한 방법으로 다음의 어느 하나의 금액에 해당하는 보조금을 유용한 경우				

위반행위	근거 법조문	처분기준		
		1차 위반	2차 위반	3차 위반
가) 500만 원 이상		자격정지 1년	자격정지 1년	자격정지 1년
나) 300만 원 이상 500만 원 미만		자격정지 6개월	자격정지 1년	자격정지 1년
다) 100만 원 이상 300만 원 미만		자격정지 3개월	자격정지 6개월	자격정지 1년
라) 100만 원 미만		자격정지 1개월	자격정지 3개월	자격정지 1년
마. 「공익신고자 보호법」 제2조 제2호에 따른 공익신고를 한 보육교직원에게 같은 법 제2조 제6호에 따른 불이익 조치를 한 경우	법 제46조 제5호	자격정지 1년	자격정지 1년	자격정지 1년

3. 보육교사의 자격정지 개별기준

위반행위	근거 법조문	처분기준		
		1차 위반	2차 위반	3차 위반
가. 보육교사가 업무 수행 중 그 자격과 관련하여 고의나 중대한 과실로 다음의 어느 하나의 손해를 입힌 경우	법 제47조 제1호			
1) 영유아에게 중대한 생명 · 신체 또는 정신적 손해를 입힌 경우		자격정지 1년 (「아동복지법」 제3조 제7호에 따른 아동학대 행위인 경우에는 2년)	자격정지 1년 (「아동복지법」 제3조 제7호에 따른 아동학대 행위인 경우에는 2년)	자격정지 1년 (「아동복지법」 제3조 제7호에 따른 아동학대 행위인 경우에는 2년)
2) 비위생적인 급식을 제공하거나 영유아 안전 보호를 태만히 하여 영유아에게 생명 · 신체 또는 정신적 손해를 입힌 경우		자격정지 6개월	자격정지 1년	자격정지 1년
3) 그 밖의 경우		자격정지 2개월	자격정지 4개월	자격정지 6개월
나. 법 제23조의 2에 따른 보수교육을 연속하여 3회 이상 받지 아니한 경우	법 제47조 제2호	자격정지 1개월	자격정지 3개월	자격정지 6개월

출처 : 보건복지부(http://www.mohw.go.kr/).

3) 아동학대와 관련된 보육교사의 권리와 의무

(1) 「아동학대범죄의 처벌 등에 관한 특례법」에서 본 보육교사의 권리와 의무

최근 사회에서 빈번하게 발생하는 아동학대 사건들은 많은 사회적 공분을 불러 일으켰다. 정부는 2014년 9월 「아동학대범죄의 처벌 등에 관한 특례법」의 시행을 발표했고, 이로써 피해아동 보호를 위한 각종 사법적 절차가 도입되어 아동학대 사건 발생 시 더욱 강력한 대처가 가능하게 되었다. 이 특례법은 가해자에 대한 처벌강화, 학대 신고의무 강화, 피해아동의 인권강화를 강조하고 있다. 이 특례법에 따르면 보육교사는 아동학대 신고의무자로서 직무상 아동학대를 알게 된 경우 및 의심되는 경우 즉시 112 등에 신고하여야 한다. 만일 신고의무를 이행하지 않을 경우 최대 500만 원의 과태료를 내게 된다. 또 상습적으로 아동을 학대하거나 아동보호시설에 근무하면서 학대행위를 한 경우는 원래 형의 2분의 1까지 가중 처벌된다.

Tip 「아동학대범죄의 처벌 등에 관한 특례법」(2014. 9. 29)의 핵심 내용 요약

- **가해자 및 방관자에 대한 처벌강화와 가해자와 피해아동의 즉각적 격리**
  부모에 의한 아동학대가 발생한 즉시 아동과 부모를 격리시키고, 아이가 아동보호전문기관 등에 머무르는 동안 부모가 친권을 주장하며 아이를 데려가는 것을 막기 위해 최장 4개월까지 친권 행사를 정지시킬 수 있도록 하였다. 부모가 자녀를 학대해 중상해를 입히거나 상습적으로 범행을 저지르면 검찰이 법원에 친권 상실을 청구할 수 있다.
- **아동학대치사(아동을 학대해 죽음에 이르게 한 죄)와 아동학대중상해(학대행위로 아동을 크게 다치게 한 죄)에 대한 처벌 규정 신설**
  아동학대치사에는 5년 이상 최고 무기징역으로 처벌이 강화되었다. 종전 「아동복지법」으로는 학대치사죄를 적용할 경우 3년 이상의 유기징역이었으나, 새로 시행되는 특례법은 무기 또는 5년 이상의 징역형으로 처벌할 수 있도록 강화되었다. 아동학대중상해는 징역 3년 이상의 형에 처해지고 상습적으로 아동을 학대하거나 아동보호시설에 근무하면서 학대행위를 한 자는 원래 형의 2분의 1까지 가중 처벌된다.
- **신고의무 강화**
  종전에는 아동학대를 알게 된 경우에만 신고의무가 부과됐지만, 이제는 알게 된 경우뿐만 아니라 의심이 가는 경우에도 신고의무가 부과된다. 아이돌보미, 초 · 중등 교사, 유치원 · 어린이집 교사, 소방구급대원, 아동복지담당 공무원, 청소년단체 종사자, 아동보호시설 종사자, 학원 강사 등 신고의무자의 범위를 24개 직종으로 대폭 확대해, 이들이 신고의무를 위반한 경우에는 500만 원 이하 과태료를 처분한다(종전에는 300만 원 이하).

- **신고전화 통일**
  아동학대 의심 발견 시 즉시 112로 신고한다.
- **가해자 권리행사 제한**
  응급조치에도 불구하고 아동학대범죄의 재발 우려가 있고 긴급한 상황인 경우에는 피해아동 또는 가족들의 주거로부터 퇴거 등 격리, 100m 이내 접근금지조치, 전기통신 등 이용금지, 친권 또는 후견인 권한 행사 제한 또는 정지할 수 있게 된다.
- **가중처벌과 친권상실 청구**
  아동학대로 불구 또는 난치의 질병에 이르게 하는 등 중상해를 저질렀을 경우, 그리고 상습적으로 아동학대를 범한 사람이나 아동학대를 신고해야 할 신고자가 아동학대범죄를 범한 경우에는 가중처벌되고, 아동학대행위자가 피해아동의 친권자나 후견자인 경우에는 친권상실청구가 가능하다.

(2) 「어린이집 아동학대 근절대책안」 발표로 본 보육교사의 권리와 의무

특례법 시행에도 불구하고 아동학대는 가정뿐 아니라 어린이집 안에서도 빈번하게 발생하고 있다. 아동학대는 가정 안에서 부모에 의해 발생되는 비율이 가장 높지만, 최근에는 어린이집 안에서 보육교직원들에 의한 아동학대도 발생하고 있는 실정이다. 어린이집에서 발생하는 아동학대를 예방 및 근절할 수 있는 대책에 관한 사회적 요구가 큰 상황에서, 정부는 2015년 1월 아동학대 재발 방지를 위하여 아동학대자 처벌강화, 어린이집 내 CCTV 설치 의무화 등을 담은 「어린이집 아동학대 근절대책안」(2015)을 발표하였다. 이는 「영유아보육법」 개정을 통해 일부 시행이 되고 있으며, 일부는 국회에서 입법예고되어 있는 상태이다.

먼저 관련 법인 「영유아보육법」 개정을 통해 실시되고 있는 정책으로 보육교사와 관련한 조항들을 살펴보면 다음과 같다.

- 어린이집 내 폐쇄회로 텔레비전의 설치
- 보육교직원의 책무를 강조하여 영유아에게 신체적, 정신적 고통을 주지 않아야 한다는 법조항 신설
- 영유아 인권보호와 관계된 보육교사 인성함양과 아동학대 예방 등에 관한 보수교육을 이수

이러한 조항들과 관련해 보육교사의 인권침해문제가 제기되기도 했지만 최종적

으로는 CCTV 설치 의무화가 이루어졌다. 그러나 이처럼 처벌과 감시 위주의 접근은 어린이집 내 아동학대의 본질적인 예방책이 되지 못한다. 보육교사의 과중한 업무는 스트레스를 축적시키고 우울감을 유발할 뿐만 아니라 보육현장에서 분노폭발형 아동학대로 연계될 가능성이 있다. 그러므로 보육교사의 과다한 업무와 열악한 근로환경 등 구조적 차원의 문제점들을 같이 고려해야 한다. 이러한 인식은 보육현장에서 보육교사의 업무경감을 통한 스트레스 완화 및 보육전념 분위기 조성을 위한 노력을 촉구한다.

이런 맥락에서 개정 「영유아보육법」에서는 보육교사의 자격강화뿐 아니라 다음과 같이 근로여건 개선도 더불어 제시하고 있다.

- 보육교사 업무경감을 위해 보조교사 및 대체교사 배치를 법조항으로 신설
- 국가와 지방자치단체가 보육교직원의 양성 및 근로여건 개선을 위해 노력해야 할 것을 규정

표 2-1 「어린이집 아동학대 근절대책안」 추진 방향

비전	아동학대 근절로 부모님이 믿고 맡길 수 있는 안전한 어린이집		
목표	아동학대 예방 및 근절	인성과 자질을 갖춘 교사	부모가 참여하는 열린 어린이집
단기 과제	아동학대 처벌강화	CCTV 설치 의무화	부모참여 활성화
	1. 아동학대 처벌강화 및 피해아동 지원 2. 아동학대 신고 활성화	1. CCTV 의무화 및 부모열람권 보장 2. 아동학대 예방 항목 정보공시 의무화	1. 부모 중심평가 및 안심인증제 도입 2. 부모가 참여하는 열린 어린이집 여건 조성
중기 과제	원장 · 교사 자격관리 강화	보육교사 근로여건 개선	공공성 높은 보육인프라 확충
	1. 신규교사 자격제도 강화 및 채용단계 검증강화 2. 현직교사 보수교육 강화	1. 장시간 근로여건 개선 2. 정서 · 심리상담 프로그램 신설	1. 공공형 · 국공립어린이집 확충 2. 직장어린이집 활성화
인프라	수요자 맞춤형 보육 · 양육 지원		

출처 : 보건복지부(http://www.mohw.go.kr/).

Tip 보육교사의 사회적 지위보장 및 근로여건 개선을 위해 필요한 사항

- 교원으로서의 보육교사의 법적 지위 개선
- 「영유아보육법」에서 보육교직원의 보수에 대한 사항을 법적으로 규정해야 함(현재 정부 지원을 받는 어린이집의 경우에만 매년 발간되는 보육사업안내서에서 제시되는 '보육교직원 인건비 지급기준'에 근거한 보수지급이 이루어짐)
- 호봉과 경력 산정, 급여체계에 대한 법적 규정이 필요함
- 장시간 근무여건 개선(대체교사 지원강화, 부담임제 실시)
- 행정업무 간소화(전산시스템 연계를 통해 서류업무 최소화)
- 교사들에게 필요한 정서, 심리, 멘토링, 상담서비스 제공

Tip 사각지대에 놓인 '보육교사 그들이 알고 싶다'
열악한 근무환경, 최저임금 수준의 낮은 급여… 합당한 처우개선 필요

'기진맥진'한 보육교사의 하루

인천지역 한 어린이집에서 일하는 보육교사 A(25)씨는 오늘도 긴장과 불안함을 안고 출근 준비를 한다. 최근 일부 어린이집의 아동학대와 비리 사건 등이 드러나면서 차가워진 주변의 시선 때문에 고충을 겪고 있기 때문이다. 잠시도 한눈을 팔 수 없는 아이들을 돌보면서 가장 불안한 순간이 언제냐는 질문에 그는 "오늘도 무사히 하루를 보내야 할 텐데. 아이들을 돌보는 내내 어디로 튈지 모르는 탓에 항시 긴장상태를 유지해요."라고 답했다. 아이들이 오기 전 교실을 점검하는 것은 물론 등원하는 대로 아이들과 함께 놀아주며 이야기를 나누고 돌봐준다. 교사들이 가장 힘든 시간은 점심시간으로 여유로운 식사는 '그림의 떡'이다. 점심시간, 아이들 배식은 물론 바른 자세로 먹을 수 있게 식사지도를 하다 보니 자연스레 쫓기듯 식사하는 일이 일상이 됐다. 전쟁 같은 점심시간 후에는 아이들 양치질도 챙겨야 한다. 또 아이들이 낮잠을 잘 때도 쉴 틈 없이 알림장을 작성해야 한다. 오후 일정을 모두 마치고 아이들이 하나둘 귀가하고 교실은 텅 비게 되지만 교사들은 이때부터 또 다른 업무를 시작해야 한다. 다음 날 준비해야 할 수업, 일지 작성, 밀린 서류작업 등으로 온몸이 녹초가 되고 나서야 뒤늦게 퇴근하게 된다. "하루 일과를 마무리 하고 나면 정말 아무 생각도 안 나요. 그저 빨리 집에 가서 쉬고 싶은 생각밖에…." A씨는 그렇게 고된 하루를 마치며 집으로 돌아갔다.

'위태로운' 보육교사

이처럼 바쁘고 힘든 일을 하면서도 도내 국 · 공립을 비롯한 사립어린이집 보육교사들은 법의 사각지대에 놓여 있다. 「근로기준법」 제50조에 따르면 1주간의 근로시간은 휴게시간을 제외하고 40시간을 초과할 수 없으며, 1일의 근로시간은 휴게시간을 제외하고 8시간을 초과할 수 없다. 하지만 보건복지부가 매 3년마다 실시하는 '2012 보육실태조사'에 따르면 평균 근무시간은 9시간 28분으로 기준된 8시간 보다 약 1시간 30분 더 많은 노동을 하고 있었다. 또한 보육교사의 휴식시간은 평균 30분도 채 되지 않는 것으로 나타났다. 특히, 열악한

근무조건과 높은 근무강도에 비하면 월 평균 131만 원의 월급을 받고 있어 교사들은 합당한 처우를 희망하고 있다. 보육 관계자들은 보육교사들의 임용자격 강화와 인성교육이 더 중요하다고 지적했다. 또한 근무시간과 최저임금수준의 낮은 급여 등을 개선해 양질의 인력이 유입될 수 있도록 적절한 여건을 만들어 근본적인 해결책을 촉구했다. 보육교사의 행복이 먼저 추구되어야 영유아들도 함께 행복해질 수 있다는 것이 보육관계자들의 공통 의견이다. 보육교사들이 자부심을 갖고 일할 수 있는 환경개선이 시급해 보인다.

출처 : 데일리팝(2015. 11. 6). 인터넷 신문기사.

Tip 아동학대를 한 보육교사에 대한 처벌

인천지법 형사 9단독 권○○ 판사는 선고공판에서 「아동학대범죄의 처벌 등에 관한 특례법」 위반 혐의 등으로 기소된 인천 부평 모 어린이집 보육교사 A(24 · 여)씨에 대해, 「아동학대범죄의 처벌 등에 관한 특례법」 위반 등을 적용해 징역 9월에 80시간의 아동학대 치료 프로그램 이수 명령을 선고했다. 또한 원장 B씨에 대해서는 "한 아동의 부모가 피고인 A씨의 학대행위를 알렸는데도 적절한 조치를 하지 않았다"며 "(원장으로서) 주의나 감시를 제대로 하지 않았다."고 판단했다.

A씨는 지난해 3월부터 올해 초까지 인천시 부평구의 한 어린이집에서 물을 가방에 흘렸다는 이유로 원생의 머리를 주먹으로 때리고 소리를 지르는 등 원생 13명을 상습적으로 학대한 혐의로 기소됐다. A씨는 경찰 조사에서 학대 이유에 대해 "학습 효과를 높이기 위해서였다."고 진술한 것으로 알려졌다.

권 판사는 A씨에 대해 "피고인은 자신이 보육을 담당하던 어린 피해자 13명을 상습적으로 폭행하거나 학대하는 등 죄질이 상당히 무겁다."며 "교육상 필요했다고 볼 수 없어 사회통념상 정당행위에 해당하지도 않는다."고 판단했다. 이어 "피고인의 폭행 등으로 인해 피해자들이 가족 등을 상대로 폭력적인 행동을 하거나 자다가 일어나 심하게 우는 등 부정적인 영향이 심각한 것으로 보이는 점 등을 고려했다."고 양형 이유를 밝혔다.

A씨의 학대 행위를 막지 못한 혐의(「아동복지법」 위반) 등으로 불구속 기소된 해당 어린이집 원장 B(60 · 여)씨에 대해서는 징역 4월에 집행유예 1년, 벌금 500만 원을 선고했다. 또 160시간의 사회봉사를 명령했다. 앞서 검찰은 지난달 23일 열린 결심공판에서 A씨에 대해 징역 3년을, B씨에 대해 벌금 2,000만 원을 각각 구형한 바 있다.

이 외에도 식사 도중 김치를 남겼다는 이유로 네 살배기를 폭행한 혐의로 기소된 인천 송도 모 어린이집 보육교사 C(33 · 여)씨는 징역 2년을 선고받았다.

출처 : 연합뉴스(2015. 7. 7). 인터넷 기사.

2. 국가직무능력표준(NCS)에 따른 보육교사 직무

1) 국가직무능력표준

과거 산업사회와 달리 현재의 지식정보산업시대는 급속도로 변화하고 있다. 다양한 직종들이 사회 변화에 따라 나타나기도 사라지기도 하며 사회에서 요구하는 직무 역량도 일정하지 않다. 급변하는 환경에 적응하기 위해서는 이에 부응할 수 있는 직무 역량과 능력들이 필요하다. 현재 우리나라의 대학교육은 현장의 요구를 적절히 반영하지 못하고 현장과 분리된 이론 중심의 교육이 많은 부분을 차지하고 있는 편이다. 이러한 실태는 학교와 현장의 분리를 초래함으로써 국가적으로도 막대한 손실을 가져오는 요인이 되고 있다.

이런 맥락에서 산업현장에서는 성공적인 직무 수행을 위해 필요한 능력들을 체계적으로 조직화하고, 학교에서는 그 조직화된 체계적 직무 역량 습득을 위한 교육을 교과과정 안으로 가져올 필요성이 생겨났다. 시대적 흐름에 맞추어 만들어진 국가직무능력표준National Competency Standards : NCS, 이하 NCS로 통일기재은 산업현장에서 직무를 수행하기 위해 요구되는 능력지식 · 기술 · 태도 등의 내용을 국가가 산업부문별 · 수준별로 표준화하여 체계화한 것이다NCS 국가직무능력표준(http://www.ncs.go.kr) 참조. NCS는 산업현장의 직무수요를 체계적으로 분석하여 제시함으로써 '일–교육 · 훈련–자격'을 연결하는 고리 제공의 취지를 가지고 있다. 또 교육훈련기관의 교육훈련과정, 직업능력개발 훈련기준 및 교재개발 등에 활용되어 산업수요 맞춤형 인력 양성에 기여하고 있다.

NCS 교육과정을 통해 대학은 직무에 필요한 내용을 가르치고 산업현장에서는 이 직무능력을 갖춘 사람을 채용할 수 있다. 현재 모든 분야에서 개발이 완료된 것

표 2–2 NCS 분류체계에 따른 보육 직무

대분류	중분류	소분류	세분류
07. 사회복지 · 종교	03. 보육	01. 보육	01. 보육
			02. 산후 육아 지원

출처 : NCS 국가직무능력표준(http://www.ncs.go.kr).

은 아니지만 정부는 NCS 구축과 활용을 강조하면서 학교교육(특성화고 및 대학), 평생교육(학점은행제), 기타 교육훈련기관에 NCS를 활용한 교육과정을 편성, 운영하도록 유도하고 있다.

2) NCS에 따른 보육 분야의 이해

NCS 분류체계는 '대분류 → 중분류 → 소분류 → 세분류' 순으로 구성된다. NCS 분류체계에 따르면 '보육' 직무는 '07. 사회복지 · 종교'(대분류) → '03. 보육'(중분류) → '01. 보육'(소분류) → '01. 보육'(세분류)으로 분류된다.

크게 보육교사와 원장의 직무로 구성되는 보육 직무능력수준은 4~8수준으로 설정되어 있으며, 보육교사의 경우 직무능력수준은 4~5수준에 해당된다.

3) NCS에 따른 보육교사 직무의 이해

NCS에서는 보육의 직무를 "영유아를 보호하고 관찰하여 이를 바탕으로 놀이활동을 기획하고, 영유아발달을 촉진하는 보육업무를 수행하며, 어린이집–부모–지역사회 등의 인적 · 물적 네트워크를 파악하여 협력을 이끌고 지원하는 활동을 하는 일련의 직무를 수행하는 것"으로 정의하고 있다. 2013년 처음 보육 직무 NCS 개발 당시에는 12개의 능력단위와 45개의 능력단위요소를 추출하였으나, 이후 2016년 개정판에서는 보육 직무와 관련하여 총 25개의 능력단위를 추출하고, 각 능력단위별 총 66개의 능력단위요소와 그 요소의 수준체계를 기술하였다.

예를 들어, 25개의 능력단위들 중 '생활지도'는 4수준에 해당되며, 이 능력단위를 구성하는 2개의 능력단위요소들에는 '기본생활 지도하기', '인성 지도하기'가 있다. 다시 말하면, '생활지도' 능력단위는 보육교직원이 갖추어야 할 25개 직무능력들 중 하나로서, 언급한 2개의 능력단위요소들에서 규정한 수행준거를 달성하고 이 단위요소별 지식과 기술, 태도를 습득함으로써 갖출 수 있다.

표 2-3 보육 직무의 능력단위와 그 수준 및 관련 자격급수

순번	능력단위	수준	관련 자격
1	어린이집 운영방침 수립	5	보육교사 1급
2	어린이집 보육 계획 수립	4	보육교사 2급
3	어린이집 환경구성	4	보육교사 2급
4	어린이집 환경관리	4	보육교사 2급
5	보육활동 운영	4	보육교사 2급
6	생활지도	4	보육교사 2급
7	놀이지도	4	보육교사 2급
8	신체활동지도	4	보육교사 2급
9	음률활동지도	4	보육교사 2급
10	미술활동지도	4	보육교사 2급
11	언어활동지도	4	보육교사 2급
12	수 · 조작활동지도	4	보육교사 2급
13	과학활동지도	4	보육교사 2급
14	건강지도	4	보육교사 2급
15	안전지도	4	보육교사 2급
16	영양지도	4	보육교사 2급
17	영유아 관찰 및 평가	4	보육교사 2급
18	보육과정 및 운영평가	5	보육교사1급
19	발달 지원 및 상담	5	보육교사 1급
20	장애아발달 지원	5	보육교사 1급
21	가정과의 협력	5	보육교사 1급
22	지역사회와의 협력	5	보육교사 1급
23	보육운영관리	6	
24	보육실습지도	6	
25	보육 연구	8	

출처 : NCS 국가직무능력표준(http://www.ncs.go.kr).

표 2-4 보육 직무 관련 25개 능력단위와 각 능력단위별 능력단위요소

분류번호	능력단위	수준	능력단위요소
0703010113_16v2	어린이집 운영방침 수립	5	연간운영방안 수립하기
			연간행사 계획하기
0703010114_16v2	어린이집 보육 계획 수립	4	연간보육 계획 수립하기
			월간, 주간 보육 계획 수립하기
			일일 보육 계획 수립하기
0703010115_16v2	어린이집 환경구성	4	보육실 놀이환경 구성하기
			실내 · 외 환경 구성하기
0703010116_16v2	어린이집 환경관리	4	시설 · 설비와 비품관리하기
			활동자료 관리하기
0703010117_16v2	보육활동 운영	4	흥미영역 운영하기
			대 · 소집단활동 운영하기
			실외활동 운영하기
0703010118_16v2	생활지도	4	기본생활 지도하기
			인성지도하기
0703010104_16v2	놀이지도	4	영아놀이 참여 · 촉진하기
			유아놀이 참여 · 촉진하기
			놀이연계 및 통합하기
0703010119_16v2	신체활동지도	4	신체활동 계획하기
			신체활동 지도하기
0703010120_16v2	음률활동지도	4	음률활동 계획하기
			음률활동 지도하기
0703010121_16v2	미술활동지도	4	미술활동 계획하기
			미술활동 지도하기
0703010122_16v2	언어활동지도	4	언어활동 계획하기
			언어활동 지도하기
			문학활동 지도하기
0703010123_16v2	수 · 조작활동지도	4	수 · 조작활동 계획하기
			수 · 조작활동 지도하기
0703010124_16v2	과학활동지도	4	과학활동 계획하기
			과학활동 지도하기

분류번호	능력단위	수준	능력단위요소
0703010125_16v2	건강지도	4	건강관리 계획하기
			건강관리 실행하기
			응급 상황 대처하기
0703010126_16v2	안전지도	4	안전관리 계획하기
			안전관리 지도하기
			안전사고 대처하기
0703010127_16v2	영양지도	4	급간식 계획하기
			식습관 지도하기
0703010128_16v2	영유아 관찰 및 평가	4	영유아 관찰 계획하기
			영유아 관찰 실행하기
			영유아 평가하기
0703010129_16v2	보육과정 및 운영평가	5	보육과정 평가하기
			보육운영 평가하기
			평가인증 적용하기
0703010130_16v2	발달 지원 및 상담	5	행동 사례 분석하기
			사례별 발달 지원하기
			상담 및 전문가 연계하기
0703010131_16v2	장애아발달 지원	5	장애아 행동특성 파악하기
			장애아 보육 계획하기
			장애아 보육활동 지도하기
0703010132_16v2	가정과의 협력	5	부모상담하기
			부모교육하기
			부모참여 지원하기
0703010133_16v2	지역사회와의 협력	5	지역사회 자원 파악하기
			지역사회 협력 계획하기
			지역사회 협력 실행하기
0703010134_16v2	보육운영관리	6	보육통합정보시스템 이용하기
			어린이집 인사관리하기
			어린이집 회계관리하기

분류번호	능력단위	수준	능력단위요소
0703010135_16v2	보육실습지도	6	보육실습 지도 계획 수립하기
			보육실습 지도하기
0703010112_13v1	보육 연구	8	보육현장 연구하기
			보육 프로그램 개발하기
			보육교사교육 참여하기
			보육교직원 멘토링하기
			보육 관련 전문단체 및 기관 참여하기

출처 : NCS 국가직무능력표준(http://www.ncs.go.kr).

4) NCS 보육 직무 능력단위 세부 내용의 예

보육 직무에서는 2016년 7월 현재까지 25개의 보육 직무 능력단위별 세부 내용이 개발되었고 능력단위를 구성하는 능력단위요소별 수행준거, 지식, 기술, 태도가 정리되어 있다. 또 각 능력단위별 직무기술서가 나와 있고 여기에는 직무기본정보, 직무책임 및 역할, 직무수행요건이 정리되어 있다.

Tip NCS 주요 용어

- 능력단위는 하나의 직무(예 : 보육교사) 역량에 필요한 다양한 하위능력을 말한다.
- 능력단위요소는 곧 능력단위 성취에 필요한 근로자(보육교사)의 주요 업무를 세분화한 것이다.
- 능력단위요소별 수행준거는 곧 이 세분화된 업무 수행을 위해 근로자(보육교사)가 취해야 할 책임과 역할을 의미하는 것으로, 교육 및 훈련 내용에 들어간다.
- 지식 · 기술 · 태도는 이 능력단위 혹은 능력단위요소에서 근로자(보육교사)가 가져야 할 지식 · 기술 · 태도를 의미한다.

예를 들어, 25개의 보육 직무 관련 능력단위들 중 NCS에서 규정한 '생활지도' 능력단위는 '영유아가 바람직한 기본생활습관의 기초를 형성하고 긍정적으로 생각하며 행동하는 사회적 유능감을 갖도록 지도'하는 것이다. '생활지도' 능력단위의 세부 내용과 직무 목적을 살펴보면 표 2-5, 2-6과 같다.

표 2-5 '생활지도' 능력단위 세부 내용

분류번호 : 0703010118_16v2	
능력단위 명칭 : 생활지도	
능력단위 정의 : 생활지도란 영유아가 바람직한 기본생활습관의 기초를 형성하고, 긍정적으로 생각하며 행동하는 사회적 유능감을 갖도록 지도하는 것이다.	

능력단위요소	수행준거
0703010118_16v2.1 기본생활 지도하기	1.1 영유아의 기본생활 관련 활동과 사회관계 증진활동을 지원하는 보육환경을 조성할 수 있다. 1.2 하루 일과 중 영유아의 기본생활 관련 활동을 계획하여 지도할 수 있다. 1.3 모델링, 의사소통, 긍정적 행동 제안, 모니터링 등 영유아 생활지도를 위한 적합한 교수방법을 선택하여 적용할 수 있다.
	【지식】 • 영유아 기본생활 관련 활동 세부 내용 【기술】 • 영유아 생활지도를 위한 보육환경 구성능력 • 영유아 행동관찰능력 • 영유아의 개인별 일상생활에 대한 관찰 및 평가기준 • 영유아 기본생활 관련 활동지도능력 【태도】 • 영유아들에 대한 배려의 자세
0703010118_16v2.2 인성 지도하기	2.1 영유아가 좋은 생각, 바람직한 행동, 건강한 성격 형성을 하도록 인성교육을 계획하여 지도할 수 있다. 2.2개별 영유아의 사회정서발달 특성에 따라 사회관계 증진활동을 계획하여 지도할 수 있다.
	【지식】 • 질서, 배려 ,협력, 효, 나눔, 존중 등의 인성교육의 내용 • 영유아 사회관계 증진활동 세부 내용 【기술】 • 영유아 인성교육 계획과 지도능력 • 영유아 사회관계 증진활동 계획과 지도능력 【태도】 • 영유아의 인성교육 내용을 가정과 연계하는 태도 • 개별 영유아의 사회정서 발달특성을 존중하는 태도

출처 : NCS 국가직무능력표준(http://www.ncs.go.kr).

표 2-6 '생활지도' 능력단위의 직무 책임 및 역할, 직무수행 요건

[직무 책임 및 역할]

주요 업무	책임 및 역할
기본생활 지도하기	• 영유아의 기본생활 관련 활동과 사회관계 증진활동을 지원하는 보육환경을 조성할 수 있다. • 하루 일과 중 영유아의 기본생활 관련 활동을 계획하여 지도할 수 있다. • 모델링, 의사소통, 긍정적 행동 제안, 모니터링 등 영유아 생활지도를 위한 적합한 교수방법을 선택하여 적용할 수 있다.
인성 지도하기	• 영유아가 좋은 생각, 바람직한 행동, 건강한 성격 형성을 하도록 인성교육을 계획하여 지도할 수 있다. • 개별 영유아의 사회정서발달 특성에 따라 사회관계 증진활동을 계획하여 지도할 수 있다.

[직무 수행 요건]

구분	상세 내용	
학습 경험	3년제 대학교 졸업	(전공 : 아동 및 보육 관련 학과)
	보육교사 양성교육훈련시설	(분야 : 보육)
자격증	2급 보육교사	
지식 · 기술	• 영유아 기본생활 관련 활동 세부 내용 • 영유아 생활지도를 위한 보육환경 구성능력 • 영유아 행동관찰능력 • 영유아의 개인별 일상생활에 대한 관찰 및 평가기준 • 영유아 기본생활 관련 활동지도능력 • 질서, 배려 ,협력, 효, 나눔, 존중 등의 인성교육의 내용 • 영유아 사회관계 증진활동 세부 내용 • 영유아 인성교육 계획과 지도능력 • 영유아 사회관계 증진활동 계획과 지도능력	
사전 직무 경험	보육활동 지도 및 보육업무 경험	
직무 숙련기간	약 1~3년	

출처 : NCS 국가직무능력표준(http://www.ncs.go.kr).

5) 〈표준교과개요〉와 NCS

보육교사 국가자격증제도가 2005년 처음 시작되었을 때 보육교사 2급 자격은 12과목 35학점 이상 이수 시 취득할 수 있었다. 그 이후로 보육의 질 신장에 맞추어 자격이수요건이 점차 강화되었다2016년 1월 「영유아보육법」 개정에 따라 현재 보육교사 2급은 총

3개 영역 17과목 51학점 이상 이수를 원칙으로 함. 한국보육진흥원에서는 보육교사 자격증 교부를 통해 보육교사의 질 향상과 관련한 사업을 추진하고 있으며, 이에 보육교사의 양성 및 재교육을 위하여 2010년에 〈표준교과개요〉를 개발, 보급하였다. 이는 보육교사 양성 자격과목에서 다루어야 할 내용의 개요를 일괄 정리해줌으로써, 모든 보육교사 양성현장에서 교육과 학습의 통일성을 이루고자 함이었다. 〈표준교과개요〉는 전국의 대학 및 교육훈련기관에서 보육교사 양성과정의 표준 내용으로 활용되고 있다. 또한 보육 관련 교과목의 유사교과목 인정을 위한 자격검정 과정 시, 공정하고 객관적인 심의 근거로 사용되고 있다.

이런 배경에서 보육교사 직무는 NCS가 개발되기 이전부터 이미 보육교사 국가자격증제와 표준교과개발을 통해 직무능력표준제를 적용하고 있다고 볼 수 있다. 현재 진행 중인 NCS '보육 직무' 개발에 대한 추후 작업은 전문직종으로서 보육 직무의 가치를 더욱 높이고 사회적 인식을 제고할 수 있을 것이다.

Tip 유사교과목 심의 근거 : 「영유아보육법 시행규칙」 제12조 제1항

교과목명이 서로 다르더라도 교과목의 내용이 유사하면 동일한 교과목으로 인정하고, 보육실습의 경우 명칭과 관계없이 실습기관과 실습기간의 조건을 만족하는 경우에는 보육실습으로 인정한다.

〈표준교과개요〉에 따른 '보육교사론' 교과목의 개요

보육교사론은 영유아가 전인적 발달을 이루어 행복한 사회구성원으로서 민주시민의 기초를 형성할 수 있도록 지원해주는 보육교사의 역할을 이해하고 역량을 알아보는 교과목이다. 예비보육교사로서 아동존중사상의 중요성을 이해하고 올바른 보육철학을 확립할 수 있도록 한다. 보육교사가 갖추어야 할 자질과 태도, 자격을 알아보고, 신임보육교사가 되었을 때의 순조로운 초기 적응을 위해 파악하고 있어야 할 내용을 다룬 후, 담당 보육실을 실제로 운영하는 데 필요한 주요 요소와 특성을 살펴본다. 또한 보육교사가 문제 상황에 대처할 수 있는 능력과 건전한 인간관계 형성을 위한 태도에 대해 다루고 이를 토대로 보육교사로서 전문성을 신장시키고 자신의 능력과 자질을 지속적으로 계발해 나갈 수 있는 토대를 갖춘다.

<표준교과개요>에 따른 보육교사론 교과목의 개요

대주제	소주제	핵심개념	주요 내용
철학과 윤리	보육교사의 의무	• 영유아의 권리 • 영유아발달 지원 • 영유아 안전 보호	• 어린이집과 보육실 상황에서의 영유아의 권리 이해 • 영유아의 발달 특성과 지원방법 이해 • 영유아 심신의 안전 보호와 중요성 이해
	보육철학	• 보육사상 • OECD 국가의 보육 사업	• 보육의 역사와 철학 : 아동존중사상의 발전 • OECD 국가의 보육 경향 및 보육교사 직무의 고유성 이해 • 보육교사의 권리에 대한 이해
	보육교사직의 특성	• 보육교사의 역할 • 보육교사의 자질 • 보육교사의 권리	• 영유아 연령별 보육교사의 역할 이해 • 영유아를 보육하는 교사로서 갖추어야 할 자질과 특성 파악 • 보육교사의 권리에 대한 이해
	보육교사 윤리	• 윤리강령 • 딜레마와 갈등해결	• 보육교사 윤리강령의 조직과 내용 이해 • 어린이집에서의 딜레마 상황과 갈등해결을 위한 윤리강령의 활용
직무 수행	인사와 복무	• 채용과 자격관리 • 처우와 복무	• 보육교사 임용 절차와 자격관리에 필요한 행정 절차 및 내용 이해 • 보육교사의 처우, 근무환경, 업무분장과 복무 이해
	보육실 공간관리	• 시설 설비, 비품관리 • 흥미영역의 구성과 운영 • 교재교구관리	• 보육실 내 시설·설비와 비품의 관리방법 이해 • 보육실 흥미영역 구성의 사례별 적용 • 교재교구 및 활동자료의 관리방법 이해
	하루 일과 운영	• 하루 일과의 운영 • 전이시간의 운영	• 보육실의 하루 일과 운영의 특징과 사례법 적용 • 하루 일과 중 전이시간의 특성별 운영방법 적용
	영유아 관찰 및 상호작용	• 영유아의 관찰 • 영유아와의 상호작용	• 영유아 관찰방법의 이해 및 적용 • 놀이 및 활동지도, 일상생활지도에서 영유아의 상호작용방법 이해
	영유아지도 및 평가	• 지도 상황별 대처 • 포트폴리오 작성과 의미 이해	• 영유아지도에 있어 자주 나타나는 문제 상황의 파악 및 대처방법 이해 • 영유아의 특성과 발달을 이해하기 위한 포트폴리오 작성방법 이해와 적용

출처 : 한국보육진흥원(http://www.kcpi.or.kr).

PART 2 보육교사됨의 과정

CHAPTER

03

보육교사로의 진입

1. 보육교사로서의 인 · 적성 형성하기 | 2. 예비보육교사의 자아상 및 목표 설정
3. 보육실습을 통한 예비보육교사의 실천적 지식 형성 | 4. 포트폴리오 만들기
5. 보육교사 채용 및 임면과정

CHAPTER

03

본 장에서는 유능한 보육교사가 되기 위하여 예비보육교사로서 갖추어야 할 인·적성에 대하여 알아보고, 예비보육교사의 바람직한 자아상 형성 및 목표 설정에 대해 생각해보고자 한다. 또한 보육실습 및 포트폴리오 제작을 통해 실천적 지식 형성의 과정을 살펴보고, 보육교사로서의 채용 및 임면과정을 구체적으로 알아봄으로써, 예비보육교사로서의 역량을 강화하고자 한다.

1. 보육교사로서의 인 · 적성 형성하기

1) 인 · 적성의 개념

인성이란 성품, 인격 등을 의미하는 것으로 통용되며, 사람의 성품 또는 각 개인이 가지는 사고와 태도 및 행동특성을 의미한다(표준국어대사전). 인성을 개인적인 관점에서 보면 개인의 심리적 성숙 및 성격으로 한정지을 수 있다(홍경자, 2004). 이러한 관점에서 보면 인성은 선천적인 요인뿐 아니라 환경과의 상호작용을 통해 변화 가능하며, 바람직한 인성이란 개인의 사회적응에 필요한 규칙과 대인관계기술을 형성하는 것을 의미한다(전재선, 2010). 사회적 관점에서 볼 때 인성은 개인이 속한 사회의 인간다운 가치와 윤리적인 가치를 강조하며, 유능한 사회적 능력을 증진하기 위하여 인성을 개발해야 한다고 본다. 좁은 의미에서 보면 인성교육은 기본생활습관교육이나 예절교육으로 생각되며, 광의적 개념으로는 시민정신교육으로 정의할 수 있다(전재선, 2010). 최근 우리나라에서는 학교폭력 및 따돌림, 이기주의, 차별 등 올바른 인성의 부재로 인한 다양한 사회적 행동문제들을 예방하기 위하여 「인성교육진흥법」이 제정되었으며, 인성의 덕목들을 예, 효, 정직, 존중, 배려, 소통, 협동 등으로 규정하고 인성교육을 의무화하고 있다.

적성이란 특정 활동이나 직업을 수행하는 데 필요한 능력의 정도를 의미하는 것으로, 특정 활동, 직업, 학업에 있어서의 성공을 예측할 수 있는 심리적 특성이라고 정의할 수 있다(김병진, 2008 ; 조주연 외, 2003). 적성의 특징은 다음과 같다(조주연 외, 2004).

첫째, 일반적인 수준의 능력이 아닌 특정 영역에 관련된 능력을 개념화한 것이다.

둘째, 적성은 타고난 능력뿐 아니라 훈련과 경험을 통한 학습된 능력을 포함한다.

셋째, 적성의 개념은 지적 특성 및 정의적 특성을 포괄하는 것으로서, 능력을 발휘하는 데 있어 흥미와 관심 등의 태도에 해당하는 정의적 준비성을 포함한다.

즉, 특정 업무에 적합한 특성을 개인이 가지고 있는지 판단하는 것은, 구체적인 업무에 대한 잠재적 능력을 평가하는 것으로, 적성은 타고난 것뿐 아니라 경험과 훈련을 통해 개발될 여지가 있으며, 지식적인 측면뿐 아니라 태도를 포함하는 개념이라고 할 수 있다.

2) 보육교사의 인성

유아기의 인성교육은 긍정적인 자아개념을 형성하고, 타인을 배려하며 서로가 다름을 인정할 수 있는 소양을 함양하여 더불어 살아가는 품성의 기초를 형성하는 것이다(교육과학기술부, 2011). 어린이집에서 영유아 인성교육이 적절하게 이루어지려면 교사의 역할이 중요하며, 바른 인성을 가진 교사가 유아 인성교육을 위한 좋은 모델이 될 수 있다. 또한 유아교사의 인성과 교사 역할 수행과는 정적인 상관관계가 있어서, 긍정적인 인성특성을 가진 교사일수록 역할 수행을 잘 하는 것으로 나타났다(이수진, 2016). 따라서 영유아의 긍정적인 인성 형성을 위해 보육교사의 바람직한 인성이 선행되어야 할 것이다. 또한 예비유아교사의 인성특성은 교사가 된 후까지 지속되기 때문에(조정자, 2007), 보육교사 양성과정에서 바람직한 인성을 개발해야 한다. 유아교사가 갖추어야 할 인성요인으로 유아에 대한 사랑, 인간에 대한 사랑, 성실성, 봉사성, 사려성, 원만한 인간관계, 자발성, 도덕성, 신체적 건강, 정서적 안정, 타인에 대한 긍정적 사고, 긍정적 자아관, 건전한 인생관 등을 꼽을 수 있다(조부경, 1995). 전재선(2010)은 유아교사의 인성 자기평가도구 개발 연구에서 유아교사의 인성 범주를 다음과 같이 분류화하였다. 다음 5가지 덕목은 보육교사가 갖추어야 할 인성요인이라고 할 수 있다.

(1) 인간애

인간애는 타인에 대해 얼마나 이타심을 가지고 있으며, 타인을 돕기 위하여 봉사하고 자신의 손해를 감수하더라도 남의 일을 돕는 것과 타인을 너그럽게 대하며 용서하고 긍정적인 분위기를 형성하는 것이다. 타인에 대한 배려와 너그러운 마음을 가진 교사가 동료교사, 학부모, 영유아와 긍정적인 관계를 지속시킬 수 있다.

(2) 긍정적 자아개념

긍정적 자아개념은 자기개발을 위해 노력하고, 교사로서 뚜렷한 목표를 가지고 성취하기 위하여 도전하는 것과 감정조절을 적절하게 할 수 있는 것을 의미한다. 자신에 대한 자아개념이 긍정적이고, 정서조절이 적절한 보육교사가 영유아의 사회 ·

정서발달에 긍정적인 영향을 미칠 수 있다.

(3) 사회관계

사회관계는 타인의 요구에 적절하게 반응하고, 경청하며, 의견이 다를 때 조화롭게 타협할 수 있는 의사소통능력을 의미한다. 또한 다른 사람의 정서를 잘 파악하고, 이야기에 공감하는 공감적 이해를 포함한다. 의사소통능력과 공감능력은 언어발달이 미숙한 영유아에게 민감하게 반응하기 위하여 보육교사가 갖추어야 할 인성특성이라고 할 수 있다.

(4) 직무 수행

직무 수행은 얼마나 성실하게 주어진 역할과 일에 충실하며, 약속을 지키고, 성실하게 자신의 역할을 수행하는지를 의미한다. 담임교사가 없으면 하루 일과를 진행하기 어려운 어린이집에서 보육교사의 직무 수행에 대한 성실함은 반드시 필요한 인성특성이라고 할 수 있다.

(5) 창의 · 인성

창의 · 인성은 유머러스한 인성을 가지고 집단의 구성원들과 조화롭게 지낼 수 있는 특성을 의미하며, 지구환경문제 및 다양한 지구촌 문제에 대해 관심을 가지고 수업과 연계할 수 있는 것을 의미한다. 또한 다양한 교수방법을 활용하고, 새로운 아이디어를 제안할 수 있어야 하며, 자신과는 다른 타인의 생각을 수용할 수 있는 인성적 특성을 의미한다. 이러한 창의적인 성향은 영유아의 창의성을 증진시키고, 새로운 교수학습방법을 활용할 수 있는 교사가 될 수 있는 기초가 된다.

이러한 인성요인들을 갖춘 보육교사들이 보육의 질적 수준을 높이며, 영유아의 건강한 발달에 기여할 수 있다.

3) 보육교사의 적성

적성이란 위에서 정의한 바와 같이 특정 업무 수행의 성공을 예측할 수 있는 심리적인 요인이다. 보육교사로서 적성이 맞는다면 성공적으로 보육교사의 역할을 수행할 수 있는 기초가 형성되었다고 볼 수 있다. 따라서 예비보육교사들은 자신의 적성이 보육교사로 적합한지 점검할 필요가 있다. 또한 보육교사의 직무만족도는 적성과 밀접한 관계가 있다고 연구들은 보고하고 있다(김승인, 2002 ; 김주경, 2003). 즉, 교사의 개인적인 측면에서 보면 적성이 맞을수록 교사가 느끼는 직무에 대한 만족도가 높고, 조직의 측면에서 조직의 목적 달성에 긍정적인 영향을 끼치게 되므로(김혜경, 2012), 보육교사의 적성 적합성은 개인을 위하여 또한 조직을 위하여 반드시 알아볼 필요가 있다. 다음은 김혜경(2012)이 보육교사 적성검사도구 개발에서 추출한 보육교사에게 필요한 적성을 구성하는 7개의 요인들이다.

(1) 대인관계능력

어린이집은 원장, 교사, 조리사, 영양사, 간호사 등 다양한 인적 구성원들이 일하고 있으며, 부모와의 상호작용도 활발하게 이루어지고 있는 곳이다. 따라서 대인관계능력이 원만한 사람이 어린이집에서 구성원들과 협력적으로 일할 수 있으며, 구성원들 간의 상호우호적인 관계가 영유아 보육에 긍정적인 영향을 미칠 수 있으므로, 대인관계능력은 보육교사로서 적성을 알 수 있는 요인이 된다.

(2) 영유아에 대한 수용성과 민감성

영유아에 대한 수용성은 현재 영유아의 특성, 기질적 차이를 그대로 수용하고 존중하는 것을 의미한다. 영유아는 발달과정에 있으며, 발달적 개인차와 기질적 특성이 있으므로 이를 그대로 수용하고 존중해야 한다. 또한 보육교사는 영유아의 감정이나 욕구를 신속하게 알고 적절하게 반응해야 한다. 민감성은 양육자와 보육교사 모두에게 필요한 요소로서, 민감한 교사는 영아-교사 간 상호작용의 빈도를 증가시키고, 온정적으로 영아를 대하며, 지속적인 상호작용을 유도해내는 특징을 가지고 있다(이은상 외, 2013).

(3) 창의성과 자기개발

새로운 교수 · 학습방법을 계획하고 실행하며, 창의적인 교육환경을 제공하기 위하여 보육교사의 창의성이 필요하며, 자기개발을 통해 지속적으로 좋은 교사가 되기 위하여 노력하는 태도가 필요하다. 따라서 예비보육교사는 자신의 창의성을 개발하고, 연구하는 자세를 갖추어야 한다.

(4) 영유아에 대한 친화력

보육교사에게 가장 필요한 적성요인 중 하나로 영유아에 대한 친화력을 들 수 있는데, 보육교사는 하루 중 가장 많은 시간을 함께 보내는 영유아에 대한 애정을 가지고 있으며, 영유아와의 놀이를 즐길 수 있어야 한다(김혜경, 2012 ; 이경민, 엄은나, 2005). 따라서 예비보육교사는 영유아와 함께 하는 시간을 즐기고, 그들과의 놀이 및 생활을 즐겁게 할 수 있는지 스스로 점검해 보아야 한다.

(5) 영유아에 대한 안전관리능력

발달적으로 미성숙한 영유아들은 예상치 못한 위험에 처했을 때 스스로 대처할 수 있는 능력이 부족하기 때문에 보육교사는 관찰을 통해 영유아의 위험을 감지하고 능숙하게 대처할 수 있어야 한다. 먼저 안전한 보육환경을 제공하여 안전사고가 일어날 수 있는 환경적 요인을 제거하고, 세심한 관찰을 통해 영유아의 안전사고를 미연에 방지하도록 해야 한다.

(6) 업무에 대한 소명감

교사는 봉사직으로서 다른 직업과 달리 물질적 · 경제적인 추구보다는 자신이 하는 업무에 대한 소명의식과 헌신적인 자세가 요구된다(류동훈, 2004). 특히, 보육교사는 영유아의 발달에 지대한 영향을 미치는 교사이자 대리양육자이기 때문에 보육교사의 업무에 대한 소명감과 윤리의식을 필요로 한다.

(7) 긍정적 정서

보육교사는 긍정적인 사고를 하고, 안정적인 정서를 유지하며 자신의 정서를 잘

조절할 수 있어야 한다. 이러한 정서는 보육교사의 업무를 수행하고, 영유아를 보육하는 데 중요한 요소로서, 영유아의 정서발달에 영향을 미친다.

4) 보육교사의 인 · 적성검사

기업에서는 채용과정에서 인 · 적성검사를 실시해왔으며, 인 · 적성검사점수와 입사 후 직무 수행의 관련성이 높은 것으로 나타나 지원자의 업무 수행을 예측할 수 있는 효과적인 도구로 인정받고 있다(김진희, 2009). 영유아를 보육하는 교사의 올바른 인 · 적성은 보육의 질을 결정하는 중요한 요인 중 하나이다. 기관의 인적 환경요인은 학부모가 유아교육기관을 선택할 때 가장 중요한 요인이며(조정자, 2012), 보육기관을 선택할 때도 비용, 환경 및 시설, 운영시간 등의 요인들보다 교사와 원장 등 인적 조건에 대한 관심도가 더 높은 것으로 나타났다(서문희 외, 2009). 질 높은 보육을 위하여 교사와 원장 등 인적 환경의 중요성을 고려할 때, 예비 보육교사 시기부터 교사로서 바람직한 인성과 적성을 형성하도록 해야 한다. 현재 보육교사에 대한 인 · 적성검사는 보육교사 양성과정에서는 실시되고 있지 않지만, 채용과정에서 일부 어린이집에서 실시하고 있는 상황이며, 아동학대 예방과 보육교사의 자질 함양을 위하여 보육교사 인 · 적성검사에 대한 필요성이 대두되고 있다. 표 3-1은 보육교사라는 직업에 대한 개인의 적성을 알아볼 수 있는 적성검사도구이다(김혜경, 2012).

표 3-1 보육교사 적성검사도구 문항의 예

번호	문항	①	②	③	④	⑤
1	평소에 긍정적으로 생각하는 편입니까?					
2	힘든 일이 있어도, 내일이 되면 잊어버리는 편입니까?					
3	다른 사람들의 교육, 건강 또는 복지를 개선하는 직업이 가치 있다고 생각합니까?					
4	감정기복이 심하지 않고 마음의 안정을 잘 유지하는 편입니까?					
5	다방면의 지식이 있어 영유아의 교육에 도움을 줄 수 있다고 생각합니까?					

번호	문항	①	②	③	④	⑤
6	새로운 것을 탐색하고자 하는 호기심이 있는 편입니까?					
7	영유아를 좋아합니까?					
8	기분 상하는 일이 있어도 영유아 앞에서는 항상 웃으며 생활할 수 있다고 생각합니까?					
9	영유아가 하는 말은 모두 의미가 있으므로, 잘 들어줘야 한다고 생각합니까?					
10	아동을 둘러싼 가족에 대해서도 이해해 줄 수 있다고 생각합니까?					
11	영유아가 모두 개별적 능력이 있음을 인정하여, 존중해주는 태도를 갖출 수 있다고 생각합니까?					
12	맡아서 해야 할 임무나 의무를 중히 여기는 편입니까?					
13	규칙을 준수하고, 규칙 안에서의 이해와 타협을 중요시하는 편입니까?					
14	자신이 가진 재능, 흥미, 성격을 고려해서, 하고 싶은 일을 선택하는 편입니까?					
15	자신이 어떤 것을 잘하는지를 알고, 그러한 능력을 향상시키고자 노력하는 편입니까?					
16	식사하던 중에 기저귀를 갈 수 있다고 생각합니까?					
17	영유아가 당신을 잘 따릅니까?					
18	교실 내의 문제행동을 통제할 수 있다고 생각합니까?					
19	영유아가 위험하거나 해서는 안 되는 행동을 할 때, 단호하게 대처할 수 있다고 생각합니까?					
20	여러 가지 상황을 판단할 수 있는 상황 판단력이 있는 편입니까?					
21	궁금한 것이 있으면 해결될 때까지 다양한 자료를 찾아봅니까?					
22	보육교사에게는 영아발달과 보육에 관한 전문지식이 필요하다고 생각합니까?					
23	영유아와 놀이하는 것을 좋아합니까?					
24	항상 웃는 얼굴로 영유아를 반길 수 있다고 생각합니까?					
25	영유아 사이의 차이를 받아들일 수 있을 정도로 열린 마음을 가진 편입니까?					
26	영유아를 있는 그대로 받아들일 수 있다고 생각합니까?					
27	부모와 떨어져 있어 부모를 그리워하는 영유아를 보면 애처롭다는 생각이 듭니까?					

번호	문항	①	②	③	④	⑤
28	서로 다른 영유아를 차별하지 않고 공평하게 대할 수 있다고 생각합니까?					
29	보육교사 일을 억지로 하지 않고 편안한 마음으로 할 수 있다고 생각합니까?					
30	영유아의 삶에 영향을 줄 수 있는 교사는 책임감을 가져야 한다고 생각합니까?					
31	'자기 발전'에 관심이 많습니까? 예를 들어, 새로운 기술을 배우기 위해 학원을 다니거나 성공한 사람의 책이나 잡지를 읽은 적이 있습니까?					
32	어떤 일에 대해 뜻한 대로 이루어 낼 수 있다고, 스스로의 능력을 믿는 마음이 강한 편입니까?					
33	영유아와의 자유놀이에 적극적으로 참여할 수 있다고 생각합니까?					
34	가정에서 지도하는 학부모들에게 자녀가 어린이집 생활을 잘 할 수 있도록, 알려줄 수 있다고 생각합니까?					
35	영유아의 말과 행동에 민감하고 적절하게 반응할 수 있다고 생각합니까?					
36	영유아의 지나치게 느리거나 빠른 행동을 보고, 영유아 각자의 다른 특성으로 이해해줄 수 있다고 생각합니까?					
37	영유아와 계속 같은 대화를 반복하게 되는 경우, 그것을 영유아의 특성으로 인정해줄 수 있다고 생각합니까?					
38	영유아의 환경과 생활을 보지 않고, 그 영유아 자체를 인격적으로 볼 수 있다고 생각합니까?					
39	학교나 집에서 개인적인 목표를 세우고 그것을 달성하기 위해 열심히 일합니까?					
40	맡은 업무를 적극적이고 즐겁게 찾아서 할 수 있는 편입니까?					
41	모든 면에서 편견을 버리고, 영유아의 잠재력을 끌어낼 수 있다고 생각합니까?					
42	어린이집 활동에 학부모들을 참여하게 할 수 있다고 생각합니까?					
43	어린이집의 효과적인 운영을 위하여 교사와 운영진 간의 협력을 촉진시킬 수 있다고 생각합니까?					
44	학부모와 원만하게 잘 지낼 수 있다고 생각합니까?					
45	영유아에게 발생하는 갑작스러운 사고를 예방할 수 있을 정도로 주의력 깊고 조심스러운 편입니까?					

번호	문항	①	②	③	④	⑤
46	영유아를 꼼꼼하게 챙길 수 있을 정도로 세심한 편입니까?					
47	다정하고 자상한 성격인 편입니까?					
48	'보호'만을 중시하거나 '교육'만을 중시하기보다, '보호'와 '교육' 모두를 중요하게 여겨야 한다고 생각합니까?					
49	성격이 모난 쪽으로 갈 가능성이 있는 영유아를 빨리 알아보고 원인과 해결방법을 찾을 수 있다고 생각합니까?					
50	동료교사들이 성공적으로 영유아들을 지도할 수 있도록 도와줄 수 있다고 생각합니까?					
51	동료교사, 원장님과 원만하게 잘 지낼 수 있다고 생각합니까?					
52	영유아의 정신적 · 육체적 건강과 신호를 민감하게 알아차릴 수 있다고 생각합니까?					
53	영유아의 눈높이에 맞게 상상력이 풍부한 편입니까?					
54	어떤 생각이나 느낌을 언어나 몸짓으로 나타낼 수 있는 능력이 좋은 편입니까?					
55	가르치거나 지도하거나 상담하는 일에 흥미를 가지고 있습니까?					
56	영유아를 돌보는 일을 좋아합니까?					

※ 응답기준 : ① 전혀 그렇지 않다 / ② 그렇지 않다 / ③ 보통이다 / ④ 그런 편이다 / ⑤ 매우 그렇다

출처 : 김혜경(2012).

2. 예비보육교사의 자아상 및 목표 설정

1) 예비보육교사로서의 자아상 점검하기

보육교사가 갖는 자아상은 전문직으로서의 교사에 대한 신념과 인상의 총체로 자신의 내부에 존재하는 보육교사의 모습이나 상으로 정의될 수 있으며, 대중매체와 같은 외적 요인과 교사 자신이 스스로를 어떻게 인지하는가에 의해 형성되는 내적 요인에 의해 구축된다(임승렬, 2003). 교육의 주체로서 교사가 실제적이고 개별적인 교육 상황에 능동적으로 적응하고, 창의적으로 교수방법을 운용할 수 있도록

성장시키는 것이 중요하며, 교사로서의 자아상과 교육철학의 구축은 이러한 교사교육의 핵심이라고 할 수 있다(유승연, 2016). 따라서 예비보육교사로서 가지고 있는 자아상이 어떠한지 스스로 파악하는 것은 보육교사로서의 목표 설정에 영향을 미치는 중요한 요인이 될 수 있으며, 보육교사의 신념을 형성하는 기초가 된다.

정현숙, 이지현, 임승렬(2002)은 예비유아교사들을 대상으로 한 질적 연구를 통해 예비유아교사들은 비교적 이론적으로 이상적인 교사상이라고 일컫는 자아상을 가지고 있으며, 이들이 가진 자아상은 교사 양성과정에서 배운 교사로서의 역할 및 자질과 관련 있거나 자신이 지금까지 교사들에 대해 가지고 있는 신념 등의 인지적 요소와 정의적인 요소를 내포하고 있었다. 유아교사의 자아상 유형에 관한 질적 연구에서 예비유아교사가 가지고 있는 자아상을 전통적 교사상 추구형, 유아 중심 교육형, 정의적 역할형, 자기발전 지향형으로 유형화하였으며, 그 과정에서 나타난 주제어를 표 3-2와 같이 제시하였다(정현숙, 이지현, 임승렬, 2002). 예비보육교사들은 스스로 어느 유형에 더 가까운지 파악하고, 자신에 대해 성찰하는 과정을 통해 바람직한

표 3-2 예비유아교사의 자아상 유형과 관련된 주제어 및 정의

유형	관련 주제어	예비교사 자아상 유형의 정의
전통적 교사상 추구형	• 인간적으로 완성된 교사 • 사회적으로 모범이 되는 교사 • 언행이 올바른 교사	이 유형은 전통적으로 사회에서 요구되는 교사로서의 이상적인 모습을 기대한다. 따라서 교사의 인격적인 완성이나 사회적 · 도덕적으로 모범이 되는 이미지를 추구한다.
유아 중심 교육형	• 유아의 발달특성을 이해하는 교사 • 교사보다는 유아가 중심이 되는 교육을 강조하는 교사	이 유형은 유아교육에서 가장 중요한 것은 유아이며 유아의 특성을 이해하는 것이 중요하다고 생각한다. 따라서 미래의 유아교사로서 자신은 유아 중심의 교육을 위한 노력을 해야 한다고 믿는 특성을 보인다. 이전에는 유아교사가 보호적인 역할을 한다고 생각했지만 유아교사교육을 통해 교육적인 역할을 강조하게 되어 다소 피상적이다.
정의적 역할형	• 부족한 유아에 대해 많은 관심을 가지고 있는 교사(정서적으로 문제 있는 유아) • 지식을 가르치는 교사보다는 유아의 정서적 안정에 도움이 되는 교사	이 유형은 정상적인 유아보다는 부족하고 교사의 손길을 좀 더 필요로 하는 유아에 대한 관심이 깊다. 또한 유아의 교육적인 측면보다는 유아의 정서적 안정이 가장 중요하다고 생각한다. 따라서 유아교사는 따뜻한 마음과 유아를 진정으로 사랑하는 마음을 가지고 있어야 한다고 생각한다.
자기발전 지향형	• 깊은 사고력을 지닌 교사 • 항상 준비되어 있는 교사 • 적응력이 뛰어난 교사 • 항상 노력하는 교사	이 유형은 미래의 유아교사로서 계속 변해야 하고 발전해야 한다고 생각한다. 따라서 미래지향적이며 유능한 교사가 되고 유아교사로서 끊임없이 노력하겠다고 다짐하는 유형이다. 이 유형의 교사는 전문인으로서 발전되는 교사로서의 모습을 강조한다.

출처 : 정현숙, 이지현, 임승렬(2002).

교사상을 정립하며, 교사로서의 신념과 교육철학을 구축하는 시간이 꼭 필요하다.

2) 예비보육교사로서의 중 · 장기 목표 설정

보육교사로서 방향성을 갖기 위해서는 자신의 교직 생애주기를 예측하고, '10년 후의 나의 모습', '20년 후의 나의 모습'에 대해 계획을 수립함으로써 교사로서의 삶의 방향을 설정하는 기회가 필요하다(문혁준 외, 2011). 이러한 경험은 교직에 대한 신념을 확고히 할 수 있으며, 장기적으로 자신의 목표를 구체화할 수 있다. 다음 표 3-3을 채운 후 예비보육교사들과 함께 토의함으로써, 자신의 목표를 동료들과 공유하도록 한다.

표 3-3 보육교사로서의 중 · 장기 목표 예시

구분	보육교사로서의 나의 모습 예측하기
1년 후	졸업 후 직장어린이집에 취업하여 교사로서의 커리어를 시작하고 있을 것이다. 초임교사로서 다양한 어려움을 경험하고 있겠지만 열심히 노력하면서 우리반 유아들과 보육교사로서 즐겁게 일하고 있을 것이다.
5년 후	보육교사 1급 자격 취득 후에도 계속 어린이집에 근무하고 있을 것이며, 이제는 후배교사들이 많아졌을 것이다. 대학원에 진학하여 석사학위를 취득하기 위하여 야간대학원을 다니고 있을 것이다.
10년 후	원장 자격을 취득한 후 어린이집 원장이 되기 위하여 더욱 노력하고 있을 것이며, 어린이집에서 주임교사를 맡고 있을 것이다. 또 결혼을 해서 워킹맘이 되어 있을 것이다.
20년 후	어린이집 원장이 되어 리더십을 발휘하며, 어린이집을 멋지게 운영하고 있을 것이다.

3. 보육실습을 통한 예비보육교사의 실천적 지식 형성

1) 보육실습의 의미

보건복지부에서는 전문성을 갖춘 보육교사를 양성하고 예비보육교사의 현장 적응력을 높이기 위하여 보육실습을 강화하였다. 강화된 내용은 표 3-4와 같으며, 대

표 3-4 보육실습의 기준

구분	기준
근거	영유아보육법 시행규칙(보건복지부령 제392호, 2016. 1. 12 개정, 2016. 8. 1 시행)
실습운영	이론수업과 보육현장실습으로 운영
실습기간	6주 240시간(2회에 나누어 실시 가능)
실습기관	• 정원 15명 이상의 평가인증을 유지하는 어린이집 • 방과 후 과정을 운영하는 유치원
실습 지도교사	• 보육교사 1급 또는 유치원 정교사 1급 • 실습지도교사 1명당 보육실습 3명 이내 지도
실습 인정시간	• 평일(월요일~금요일) 오전 9시~오후 7시까지 • 실습시간은 하루에 8시간을 초과할 수 없음
실습의 평가	• 보육실습일지와 실습평가서 작성 • 평가점수 80점 이상

학 등을 입학한 사람은 2017년 1월 1일 이후에 입학하는 사람부터 적용된다.

보육실습은 보육교사양성과정에서 실제 경험을 통해 자신이 보육교사에 알맞은 인 · 적성을 가지고 있는지 파악하고, 보육교사의 직무 수행을 관찰하며 경험하는 과정으로 보육교사가 되는 필수적인 과정이다. 보육실습의 초점을 '평가'와 '배움' 중 어디에 두느냐에 따라 보육실습의 의미가 달라질 수 있다(윤지혜, 2012). 보육실습을 '현장실행능력의 평가'로 보는 관점에서는 그동안 배운 지식을 적용하면서 실습생이 보육교사로서의 자질을 평가하고 가늠해 보는 마지막 관문으로 본다(윤숙현, 2009). 반면, 보육실습을 '현장실행능력 향상을 위한 배움'으로 보는 관점에서는 실습이 실천적 지식 형성의 장이 될 수 있으며(박혜경, 2010), 예비보육교사들이 배운 것을 적용하고 정리하는 단계가 아닌 계속해서 필요한 자질을 연마하는 단계로 의미가 확대되어야 한다고 강조한다(임승렬, 2012).

실습을 보육교사로서 필요한 자질을 연마하는 실천적 지식 형성의 장으로 보는 관점에서는 실습의 의의를 다음과 같이 제시한다(임승렬, 2012 ; 임승렬, 김연미, 이은정, 2014).

첫째, 보육현장의 실제를 관찰하고 경험하여 영유아교사로서 바람직한 교육관과 태도를 형성하게 된다.

둘째, 어린이집에서 실제로 영유아와 상호작용함으로써 영유아의 발달적 특성에 적합한 교수방법을 습득하게 된다.

셋째, 수업계획안을 작성하고 실제 수업을 진행하며, 평가의 경험을 통해 보육교사 양성과정에서 습득한 지식과 이론을 적용해볼 수 있다.

넷째, 실습기간 동안 지도교사를 관찰하고 보조하면서, 영유아 생활지도, 학급운영, 행정 등 교사가 수행하는 다양한 역할에 필요한 실제적인 기술을 배울 수 있다.

다섯째, 어린이집에서 영유아, 교직원, 학부모 등 다양한 인적 구성원들과 상호작용하면서 대인관계에 필요한 지식과 기술을 경험할 수 있다.

여섯째, 실습기관은 현장에 필요한 인적 자원을 양성한다는 점에서 현장실습을 할 수 있는 기회를 제공한다.

일곱째, 실습지도교사는 실습생을 지도하는 과정에서 교사로서 자신에 대해 돌아보는 자기장학의 기회를 가질 수 있으며, 전문성을 발달시킬 수 있다.

보육실습을 통해 실습생은 실천적 지식을 구축하고, 미래 유아교사로서 자신의 이미지를 형성하는 기회를 갖게 된다(Clement, 2002 ; Wiseman, Knight, & Cooner, 2005). 예비보육교사들은 6주간의 실습을 실천적 지식을 형성할 수 있는 기회로 받아들이고, 지도교사와 어린이집 원장의 지도를 받으며 실습지도교수와의 상호작용을 통해 좋은 보육교사로 성장하고 발달할 수 있는 기회로 삼아야 한다. 윤지혜(2016)는 보육실습 경험에 대한 질적 연구에서 실습생들의 경험을 다음과 같이 서술하였다.

첫째, 연구에 참여한 실습생들은 실습 초기에 새로운 환경에서 막연함을 느끼고 유아지도에 개입하기를 망설였으나, 유아와의 관계에서 느낀 책임감과 지도교사에 대한 신뢰감으로 소신을 가지고 유아지도와 생활교육을 실천할 수 있었다.

둘째, 또래와의 문제를 스스로 해결해보는 유아들을 보면서 나서서 상황을 정리하려던 자신에 대해 성찰하고 교사의 역할을 고민하며 이러한 경험을 통해 실천적 지식을 형성해나갔다.

셋째, 연구에 참여한 실습생들은 수업진행이 원활할 것이라고 예상했지만 현실은 기대와 달랐고, 예상치 못한 변수에 대처해 나가면서 계획단계에서 무엇을 고려해야 하는지 깨닫게 되었다. 또한 이러한 경험을 통해 노력하며 연구하는 교사가 되어야 한다는 것을 느낄 수 있었다고 한다.

실습생들은 이러한 과정을 통해 예비보육교사로서의 역량을 증진하게 되고, 실습을 통해 성장함으로써 좋은 보육교사가 되기 위한 기초를 형성하게 된다.

2) 예비보육교사의 보육실습 준비

실습생은 실습기간 동안 어린이집에 적응하고, 평가되는 것에 대해 긴장과 갈등을 경험하며, 이로 인해 어려움을 느낄 수 있다(윤희경 외, 2006). 실습생은 실습을 수행하기 전에 충분한 준비를 통해 실습에 대한 자신감을 가지고 있어야 하며 올바른 마음가짐을 가지고 실습에 임함으로써(문혁준 외, 2011), 이러한 어려움들에 적절히 대처하고 책임감을 가지고 실습을 완료하도록 해야 한다.

(1) 실습기관의 오리엔테이션 참석

실습생은 실습이 시작되기 1~2주 전에 실습기관에서 실습생에 대한 오리엔테이션을 실시하는지 여부와 오리엔테이션 시간 등을 확인하도록 한다. 오리엔테이션이 있다면 실습일정과 내용을 확인하도록 하고, 실습생이 준비해야 할 물품이 있는지 확인한다. 만약 사전 오리엔테이션이 없다면 약속을 하고 어린이집에 방문하여 어린이집의 위치와 현황 등을 파악하도록 해야 한다. 류진희(2000)는 실습생이 사전 방문을 통해 다음과 같은 사항들을 알아야 한다고 제시하였다.

- 영유아교육기관의 위치와 교통편
- 원장, 지도교사의 성명과 대체적인 개인사항
- 실습기관의 연혁, 보육목표, 보육방법, 수업시간, 시설 규모, 학급 수, 원아 수, 교직원 수
- 담당학급 구성
- 영유아교육기관의 주변 환경에 대한 정보
- 실습할 학급에서 실습 전 이루어진 생활주제와 활동

(2) 실습생의 자기점검

실습생이 실습이 시작되기 전 자기점검을 통해 실습에 임할 준비가 되어 있는지 스스로 점검하고 다음과 같은 사항들을 준비하도록 한다(문혁준 외, 2011).

- 실습과 관련된 강의 및 학습 내용을 총 점검
- 교육자다운 마음과 태도를 가지고 구체적인 계획 수립
- 새로운 환경 및 보육활동에 대비하여 건강관리
- 실습기관 사전 방문
- 보육실습에 필요한 실습일지, 지침서, 필기도구, 명찰, 실내화 혹은 덧신, 앞치마 등을 준비

3) 보육실습 일정 및 내용

보육실습은 6주 동안 진행되며 월요일부터 금요일까지 하루 8시간 진행하도록 한다. 표 3-5는 6주 동안 보육실습의 전반적인 일정의 예시이다. 1주차에는 하루 일과를 관찰하고 보조교사의 역할 수행을 주로 하게 되며, 될 수 있으면 빨리 실습반 영유아의 이름을 익히고 친밀감을 형성하도록 한다. 2주차에는 3주차에 이루어질 흥미영역 보육활동의 계획안을 작성하고, 지도교사의 지도를 받도록 한다. 또한 지속적으로 영유아와 교사의 상호작용을 관찰하고, 영유아와의 상호작용을 경험한다. 3주차에는 지도교사의 지도에 따라 흥미영역에서 활동을 실행해보고, 그 다음 주에 진행하게 될 연계수업 혹은 부분수업의 계획안을 작성하며 지도교사의 지도를 받는다. 4주차에는 준비된 수업계획안과 자료를 활용하여 수업을 진행하며, 5주차에 이루어질 반일 수업계획안을 작성하고, 지도를 받도록 한다. 5주차에는 반일 수업을 진행하는 경험을 하고, 종일 수업에 대한 계획안을 작성하여 지도를 받는다. 6주차에는 종일 수업을 진행하고 원장과 지도교사로부터 최종평가를 받도록 한다. 또한 실습생은 6주 동안 지도교사의 지도에 따라 매일 실습일지를 작성하도록 한다.

표 3-5 보육실습 일정의 예시

주	월	화	수	목	금
1주	• 보육실습 일정 합의 • 영유아 관찰(하루 일과, 보육환경, 교사-영유아 상호작용) • 보조교사 역할 수행(실내 · 외 놀이 참여, 일상생활지도, 급 · 간식 지도) • 영유아 이름 익히기, 영유아와 친밀감 형성하기				
	2주차 영역별 보육활동 찾기 및 계획하기			2주차 영역별 보육활동 선정 및 계획안 제출하기	

<table>
<tr><th>주</th><th>월</th><th>화</th><th>수</th><th>목</th><th>금</th></tr>
<tr><td rowspan="2">2주</td><td></td><td></td><td>영역별 보육활동
실행하기</td><td></td><td></td></tr>
<tr><td colspan="3">2주차 영역별 보육활동 자료 준비하기
3주차 영역별 보육활동 찾기 및 계획하기</td><td colspan="2">3주차 영역별 보육활동 선정 및
계획안 제출하기</td></tr>
<tr><td rowspan="2">3주</td><td></td><td>영역별 보육활동
실행하기</td><td></td><td>영역별 보육활동
실행하기</td><td></td></tr>
<tr><td colspan="3">3주차 영역별 보육활동 자료 준비하기
4주차 영역별, 연계활동 찾기 및 계획하기</td><td colspan="2">4주차 영역별 연계활동 선정 및
계획안 제출하기</td></tr>
<tr><td rowspan="2">4주</td><td></td><td>영역별 보육활동
실행하기</td><td></td><td>연계활동
실행하기</td><td></td></tr>
<tr><td colspan="3">4주차 영역별 연계활동자료 준비하기
5주차 연계활동, 반일 보육활동 찾기 및 계획하기</td><td colspan="2">5주차 영역별 연계활동, 반일 보육
활동 계획안 제출하기</td></tr>
<tr><td rowspan="2">5주</td><td></td><td>영역별, 연계활동
실행하기</td><td></td><td>반일 보육활동
실행하기</td><td></td></tr>
<tr><td colspan="3">5주차 연계활동, 반일 보육활동자료 준비하기
6주차 종일보육활동 주제 선정</td><td colspan="2">종일 보육활동 계획안 제출하기</td></tr>
<tr><td rowspan="2">6주</td><td></td><td></td><td>종일 보육활동
실행하기</td><td rowspan="2">최종평가하기</td><td rowspan="2">실습일지 정리
및 제출</td></tr>
<tr><td colspan="3">종일 보육활동자료 준비 및 점검하기</td></tr>
</table>

그림 3-1 과학활동을 지도하고 있는 실습교사

그림 3-2 이야기 나누기 시간을 진행하고 있는 실습교사

표 3-6 보육실습 내용의 예시

주	실습 내용
1주	• 실습일정 합의 : 출 · 퇴근시간, 수업일정 • 관찰기록, 보육실습일지, 보육활동 계획안 작성방법 지도 – 흥미영역 구성 및 활동 준비, 하루 일과의 진행과정 관찰 – 또래 간, 영유아–교사 간 상호작용 및 보육교사업무 관찰 • 영유아반 하루 일과 특성 이해하기 • 2주차 보육활동 계획 및 검토 – 2주차 영역별 보육활동 계획안을 작성하고 지도교사에게 점검받기 – 계획안에 따른 자료 및 교구 준비하기 • 관찰기록 및 보육실습에 대한 평가(지도교사, 실습생)
2주	• 영유아와 보육교사 간의 상호작용 관찰기록 • 영유아 개인에 맞는 보육활동 구성 및 지도실습 • 일상적인 생활지도방법 익히기 • 영역별 보육활동 실습 – 흥미영역 활동 1회 진행하기 – 보육활동에 대한 평가 및 지도받기 • 3주차 보육활동 계획 및 검토 – 3주차 영역별 보육활동 계획안을 작성하고 지도교사에게 점검받기 – 계획안에 따른 자료 및 교구 준비하기 • 관찰기록 및 2주차 보육실습, 보육활동에 대한 평가(지도교사, 실습생)
3주	• 영유아와 보육교사 간의 상호작용 관찰기록 • 영유아 개인에 맞는 보육활동 구성 및 지도실습 • 일상적인 생활지도방법 익히기 • 영역별 보육활동 실습 – 흥미영역활동 2회 진행하기 • 4주차 보육활동 계획 및 검토 – 4주차 보육활동계획안(흥미영역 1회, 연계활동 1회)을 작성하고 지도교사에게 점검받기 – 계획안에 따른 자료 및 교구 준비하기 • 관찰기록 및 3주차 보육실습, 보육활동에 대한 평가(지도교사, 실습생)
4주	• 영유아와 보육교사 간의 상호작용 관찰기록 • 영유아 개인에 맞는 보육활동 구성 및 지도실습 • 일상적인 생활지도방법 익히기 • 영역별 보육활동 실습 – 흥미영역 1회, 연계활동 1회 진행하기 • 5주차 보육활동계획 및 검토 – 5주차 보육활동계획안(흥미영역 & 연계활동 1회, 반일 보육) 작성하고 지도교사에게 점검받기 – 계획안에 따른 자료 및 교구 준비하기 • 관찰기록 및 4주차 보육실습, 보육활동에 대한 평가(지도교사, 실습생)

주	실습 내용
5주	• 영유아와 보육교사 간의 상호작용 관찰기록 • 영유아 개인에 맞는 보육활동 구성 및 지도실습 • 일상적인 생활지도방법 익히기 • 영역별 보육활동 실습 – 흥미영역 · 연계활동 1회, 반일 보육활동 진행하기 • 6주차 보육활동계획 및 검토 – 6주차 보육활동계획안(종일보육) 작성하고 지도교사에게 점검받기 – 계획안에 따른 자료 및 교구 준비하기 • 관찰 기록 및 5주차 보육실습, 보육활동에 대한 평가(지도교사, 실습생)
6주	• 영유아와 보육교사 간의 상호작용 관찰기록 • 영유아 개인에 맞는 보육활동 구성 및 지도실습 • 일상적인 생활지도방법 익히기 • 영역별 보육활동 실습 – 종일보육 진행하기 • 관찰 기록 및 6주차 보육실습, 보육활동에 대한 평가(지도교사, 실습생) • 보육실습 최종평가 : 원장, 지도교사, 실습생 • 보육실습 종료 : 보육실습생 평가표, 실습일지, 출근부 정리

표 3-7 보육실습생의 자기평가표 예시

번호	평가 항목	못함				잘함
		1	2	3	4	5
1	보육목표를 달성할 수 있는 보육 내용을 영유아의 흥미, 수준에 근거하여 적합하게 선정하였는가?					
2	영유아의 흥미와 능력, 사전 경험을 잘 관찰하여 영유아지도 계획에 활용하였는가?					
3	보육활동 계획안이 적절하게 계획되고 성실하게 준비되어 실행에 무리가 없었는가?					
4	보육활동 계획에 따라 자료를 충실히 준비하였는가?					
5	영유아의 행동을 민감하게 파악하며 상호작용에 최선을 다했는가?					
6	다양한 흥미영역에 고루 참여하여 영유아의 놀이가 지속되고, 확장되도록 놀이를 촉진하였는가?					
7	영유아의 기본생활습관이 형성되도록 동기를 잘 유발하였는가?					
8	대 · 소집단활동 시 보육교사로서 다양한 교수법을 활용하여 효과적으로 활동을 이끌었는가?					

번호	평가 항목	못함 1	2	3	4	잘함 5
9	영유아의 부정적 정서나 갈등적 상황을 잘 파악하여 긍정적으로 수용하고 적절하게 해결되도록 지도하였는가?					
10	영유아의 개별적 특성, 개인차를 고려하여 지도하였는가?					
11	영유아를 존중하는 언어를 사용하고, 영유아가 잘 알아들을 수 있도록 어휘, 발음, 음성의 고저, 빠르기 등에 노력을 기울였는가?					
12	보육실습일지의 내용과 평가 등을 성실히 기록하였는가?					
13	영유아의 안전, 위생, 건강에 각별히 신경을 썼는가?					
14	영유아의 낮잠, 간식, 점심, 배변활동, 이 닦기, 손 닦기, 옷 입기 등 일상생활을 영유아 스스로 즐겁게 할 수 있도록 지도하였는가?					
15	보육실의 통풍, 채광, 정리정돈 등 청결한 환경을 위하여 노력하였는가?					
16	보육실습기관의 지도방침에 적극 협력하였는가?					
17	보육실습 지도교사와의 관계를 원만히 유지하며 성실히 임했는가?					
18	보육실습 동료들과 잘 협력하였는가?					
19	영유아의 수준과 흥미에 적합한 활동을 계획하고 다양한 행동을 적절히 지도하고자 관련 문헌이나 전문 서적을 찾아보고자 노력하였는가?					
20	실습기간을 통해 보육교사로서의 전문성이 스스로 향상되었다고 여겨지는가?					
합계						

출처 : 보육인력 국가자격증(2013).

4. 포트폴리오 만들기

1) 포트폴리오의 개념과 필요성

포트폴리오란 학생이 쓰거나 만든 작품 혹은 작업들을 개인별로 지속적이고 체계적으로 모아서 평가하는 방법으로(김석우, 2009), 평가를 통해 학생의 성취와 포트폴리오 수집 기간 동안에 이루어진 학생의 변화를 쉽게 알 수 있는 종합적인 평가 방법이다. 포트폴리오는 학생들의 내적인 사고를 촉진하고, 자기평가를 강화할 수 있으며(Carroll, Potthoff, & Huber, 1996), 협동학습에 대한 학생들의 참여도를 증진시키고, 그러한 과정에서 자존감을 증가시키는 효과가 있다(Mullin, 1998). 학생들은 포트폴리오 제작을 통해 자신의 변화를 스스로 확인할 수 있으며, 반성적 사고를 통해 자신의 성취와 변화에 대해 자기점검을 할 수 있다. 또한 교수자들은 학생들의 변화를 쉽게 파악하고, 앞으로의 발전 방향에 대해 방향 제시를 쉽게 할 수 있는 이점이 있다(최유현, 2005). 포트폴리오는 자기조절학습과 자기주도학습을 용이하게 하는 특징이 있으며(Fischer & King, 1995), 자신의 포트폴리오를 개별적으로 개발하는 과정에서 독립성과 자기주도성을 격려한다(Chang, 2002). 예비보육교사는 포트폴리오 제작을 통해 이론수업과 현장실습을 통해 이루어진 자신의 변화과정을 알 수 있으며, 포트폴리오 제작과정에서 자기주도적인 학습을 촉진하고, 궁극적으로 예비보육교사의 전문성을 강화하며, 직무 수행능력을 향상시킬 수 있다.

부크(Burk, 1997)는 포트폴리오의 활용 목적을 다음과 같이 3가지로 분류하였다.

첫째, 예비교사 포트폴리오pre-service portfolio는 교사 양성과정에서의 실습 경험과 관련한 자료들을 정리하여 정보를 공유하고 실습과정에 대해 반성적 사고의 기회를 갖기 위해 제작하는 것이다. 보육실습에서 작성하는 실습일지와 실습기간 동안 계획하고 수행한 수업계획안 및 평가서가 예비교사 포트폴리오에 해당한다고 할 수 있다.

둘째, 커리어 포트폴리오career portfolio는 교사로서의 자질을 나타낼 수 있는 자료들을 수집하여 교사로서의 전문성을 부각시키고 취업 및 경력관리를 위해 제작하는 것이다. 커리어 포트폴리오는 자신의 경력 및 능력에 대해 일목요연하게 정리하여 진로성취와 대학생활 전반을 나타내는 자료가 될 수 있으며, 학생이 자신의 비전과 목표를 구체화하고 직업적 성취를 위한 노력을 보여 줄 수 있다(송원영, 김지영, 2009). 커리어 포트폴리오는 효율적인 교사교육의 방법이 될 수 있으며(Burk, 1997), 보육교사가 되고자 하는 예비보육교사들의 전문성을 강화하고, 보육교사의 직무에 대한 이해 증진과 취업에 도움이 될 수 있다.

셋째, 전문성 신장 포트폴리오professional portfolio는 교사가 전문성을 증진하기 위하여 현장에서 수행한 현장 연구에 관한 자료들을 수집하여 제작하는 것이다.

2) 예비보육교사의 포트폴리오 준비과정

유수경(2011)은 예비유아교사를 대상으로 7단계로 이루어진 8~10주의 커리어 포트폴리오를 활용한 예비유아교사 전문성 강화 프로그램을 개발하였으며, 프로그램의 단계별 내용은 다음과 같다. 유수경(2011)이 관련 전공 교수, 학생, 기관장들을 인터뷰하여 개발한 예비유아교사 전문성 강화 프로그램은 유아교사론 혹은 관련 전공에서 졸업 전 마지막 학년에서 운영할 것을 제안하며, 전담 교수가 소그룹을 통해 프로그램이 운영되도록 안내하고, 피드백을 제공하도록 한다.

(1) 준비하기

준비하기 단계에서는 커리어 포트폴리오 제작에 대한 오리엔테이션을 통해 포트폴리오의 개념과 목적을 명확히 한다. 또한 포트폴리오 제작은 동료 예비보육교사와 협력하여 소그룹으로 활동이 진행되도록 소그룹의 구성원을 정한다.

(2) 수집하기

3주 미만의 기간이 소요될 수집하기 단계에서는 보육교사 양성과정에서 수업을 통해 만들어진 자료들을 수집하고 정리하도록 한다. 1차 자료 목록과 교과과정표를 확인하면서 전공교과 관련 자료가 누락되지 않도록 한다. 또한 이력서와 자기소개서의 초안을 작성하도록 한다.

(3) 점검하기

점검하기 단계에서는 1차 자료 목록을 중심으로 소그룹의 구성원들과 교차 점검을 실시하도록 한다. 각자 다른 구성원들에게 자신이 수집한 자료의 특성을 소개하고, 2차 자료 수집 시 추가적으로 고려해야 할 것들을 논의하도록 한다.

(4) 보강하기

보강하기 단계에서는 전 단계에서 자료 형성 시기, 전공교과 내용, 자료 유형 등을 고려하여 추가적으로 필요하다고 논의한 자료들을 수집하는 단계이다. 추가된 자료들은 자료 목록에 기록하여 소그룹활동을 통해 동료 예비보육교사들과 한 번 더 교차점검을 하도록 한다. 이 단계에서는 소그룹활동으로 교사로서 지켜야 할 10계명을 만들어 보는 활동을 하는 것이 중요하다. 보육교사로서 신념을 확고히 할 수 있는 활동으로 10계명은 개인 관련 자료에 포함하도록 한다. 교수자는 이에 대한 피드백을 제시하여 수정 · 보완하도록 돕는다.

(5) 선택하기

선택하기 단계에서는 1, 2차 자료점검을 통해 수집된 자료들에 대한 최종 자료 목록을 만들고, 자료 목록을 토대로 자료를 최종적으로 점검한다.

(6) 구성하기

구성하기 단계에서는 최종적으로 선별된 자료들을 재편집하고 구성하는 단계이다. 개별적인 커리어 포트폴리오에서 독창성이 느껴지도록 목차 및 표지를 만드는 작업을 하도록 한다. 이 단계에서는 예비보육교사들의 개별적인 장점을 부각하고 차별화된 포트폴리오를 제작하도록 한다.

(7) 나아가기

마지막 단계에서는 최종 작성된 커리어 포트폴리오를 발표하고, 프로그램의 교수자와 동료 예비보육교사들이 평가하며, 포트폴리오를 중심으로 면접에서 예상되는 질문 목록을 제안하도록 한다. 개별 예비보육교사들은 질문 목록과 평가서를 중심으로 예상답변을 작성해보고, 자신의 포트폴리오를 수정 · 보완하여 최종적으로 커리어 포트폴리오를 완성하도록 한다.

5. 보육교사 채용 및 임면과정

1) 보육교사의 채용과정

(1) 보육교사 채용 계획 수립

보육교사를 포함하여 보육교직원 채용 시기가 결정되면 보육교직원의 채용방법 및 채용절차 등에 대한 계획을 수립해야 한다. 보육교사는 「영유아보육법」 제17조 제2항 별표 2의 어린이집 보육교직원의 배치기준에 따라 자격을 갖춘 보육교사를 채용할 수 있으며 채용은 공개채용을 원칙으로 한다.

표 3-8 보육교사 자격조건

구분	보육교사 자격조건
1급	• 보육교사 2급 자격을 취득한 후 3년 이상의 보육업무 경력이 있는 사람으로 보건복지부장관이 정하는 승급교육을 받은 사람 • 보육교사 2급 자격을 취득한 후 보육 관련 대학원에서 석사학위 이상을 취득하고 1년 이상의 보육업무 경력이 있는 사람으로 보건복지부장관이 정하는 승급교육을 받은 사람
2급	• 전문대학 또는 이와 같은 수준 이상의 학교에서 보건복지부령으로 정하는 보육 관련 교과목 및 학점을 이수하고 졸업한 사람 • 보육교사 3급 자격을 취득한 후 2년 이상의 보육업무 경력이 있는 사람으로서 보건복지부장관이 정하는 승급교육을 받은 사람
3급	고등학교 또는 이와 같은 수준 이상의 학교를 졸업한 사람으로서 보건복지부령으로 정하는 교육훈련시설에서 정해진 교육과정을 수료한 사람

(2) 채용 공고

① 주요 공고 내용

모집 내용, 모집인원, 자격요건, 전형일정, 제출기간, 제출방법 및 제출처, 제출서류 등을 포함하여 공고한다.

② 공고방법

보육 관련 인터넷 사이트를 통해 공고하거나, 대학의 관련 학과에 추천을 받은 후 공개채용에 졸업예정자가 지원하도록 한다. 또한 보육현장실습 및 인턴제를 활용하여 현장 경험이 없거나 잠재능력을 지닌 예비보육교사에게 직무 수행의 기회를 주어 경험을 축적하게 하고, 공개 채용을 통해 채용하기도 한다.

(3) 서류전형 및 면접

① 서류전형

지원자들의 능력이나 문제점 등을 사전에 파악하고 서류검토를 통하여 부적격 사유가 있는 경우에는 서류전형단계에서 탈락 조치하며, 미심쩍은 사항이 있는 경우에는 메모하여 면접과정을 통해 자세히 관찰하고 판단한다.

표 3-9 보육교사 채용 관련 서류

구분	채용 관련 서류
채용 전	이력서, 자기소개서, 자격증 사본 등
채용 후	인사기록카드, 채용신체검사서(공무원용 채용신체검사서), 경력증명서, 졸업증명서, 주민등록등본

② 면접전형

면접은 인물평가를 종합적으로 할 수 있고, 성격과 성품을 판별할 수 있으며 지원동기 및 의욕을 확인할 수 있다. 또한 지원자의 전공 관련 지식과 보육교사로서 얼마나 준비되어 있는지 알 수 있으며 대인관계능력이 어떠한지 판단해볼 수 있다. 또한 가치판단의 기준 및 가치관을 파악할 수 있어 효과적이다. 때로는 면접 전형에 5~10분가량의 수업을 진행하도록 요구하는 어린이집이 있으므로, 수업에 필요한 수업 계획안과 교구를 준비하여 이에 대비하도록 한다.

③ 인 · 적성검사

지원자의 인성과 적성이 보육교사에 적합한지 파악하는 것은 매우 중요하지만, 인 · 적성검사를 실시할 경우 비용이 소요되므로 보육교직원 채용 시 예산에 반영되어야 한다. 현재는 대규모 공채를 실시하는 직장어린이집 및 규모가 큰 어린이집에서 인 · 적성검사를 실시 중이며, 보육교사 채용 시 인 · 적성검사의 필수화에 대해 논의가 진행되고 있다.

표 3-10 보육교사 면접요소별 평가 항목(예시)

구분		평가문항
면접	기본자질	• 태도, 건강, 소양 : 어린이집 교사로서의 품위를 유지할 만한 건강 및 교양, 태도를 갖추었는지 여부 파악 • 긍정적 사고, 정서적 안정성 : 아동에게 정서적 안정감을 주고 모범이 될 긍정적 가치관을 소유하였는지 여부 파악
	조직 적응력	• 융화력, 협조성, 성실성 : 원장, 동료교사, 학부모와 협조적 관계를 형성할 수 있는지 여부 • 지도력, 적극성, 적응력 : 조직이 제시하는 근무조건하에서 어느 정도 지도력을 발휘하여 조직목표 달성에 기여할 수 있는지 파악
	표현력	명확성, 판단력, 유창성 : 자연스러운 답변 태도, 면접위원의 질문요지에 적합한 답변 여부, 분명한 의사표현 여부
	직업적성	• 가치관, 직업관, 성취도 : 인생, 직업에 대한 장 · 단기 목표와 자기개발 계획을 가지고 있는가를 파악 • 사명감 : 보육사업에 대한 확고한 책임의식과 사명감을 갖추었는지 파악 • 교육관, 아동관 : 건강과 차세대 노동력 육성에 이바지할 수 있는 교육관과 아동관을 갖추었는지 파악
실기	전문능력	• 아동발달 이해, 문제 상황 지도 : 연령에 따른 아동발달의 이해 및 이에 따른 적절한 상황별 대처능력을 가지고 있는지 파악 • 교수방법 실기테스트 : 현장에서 사용될 기본적인 교수방법을 습득하여 학습지도가 가능한지 여부(수업 계획안 작성, 전이활동 지도, 수업진행, 영유아와의 상호작용 및 수업태도, 자료준비)

출처 : 2016 직장어린이집 운영관리.

(4) 4대보험 가입

면접을 통과하여 최종적으로 채용되면 어린이집과 근로계약을 채결한 후 관련 법령에 의거하여 4대보험산재, 고용, 건강, 국민연금에 가입한다. 4대보험은 어린이집 고유번호증을 바탕으로 개원 시에 성립 신고를 해야 하며, 보육교직원 채용 시 14일 이내에 신고하도록 규정하고 있다.

표 3-11 4대 보험 관할기관 및 신청기간

구분	관할기관	신청기간	서류	전화번호/홈페이지
국민연금	국민연금공단	해당 월에 입사 시 익월 15일까지	사업장가입자 자격취득신고서	1355/www.nps.or.kr
건강보험	국민건강보험공단	자격취득일로부터 14일 이내	직장가입자 자격취득신고서	1577-1000/ www.nhic.or.kr

구분	관할기관	신청기간	서류	전화번호/홈페이지
고용보험	근로복지공단	해당 월에 입사 시 익월 15일까지	피보험 자격취득신고	1588-0075/ www.kcomwel.or.kr
산재보험	근로복지공단	해당 월에 입사 시 익월 15일까지	근로자 고용신고서	

보육교직원 채용 계획 수립
- 영유아 수에 대한 필요 보육교직원 및 보육교직원 수 산출
- 채용방법 계획(공개채용, 원장 위임 등)
- 채용절차 결정 : 서류전형 → 면접 → (인 · 적성검사) → 신체검사 → 합격통보 (인 · 적성검사는 일부 어린이집의 경우임)

↓

채용공고
사업장, 육아종합지원센터 홈페이지 등에 공고문 게시

↓

서류전형 및 면접실시
채용 응시자 서류 검토 및 면접 실시

↓

채용 확정 및 근로계약 체결
- 근로계약서 체결 및 임면보고
- 보육교직원 교육 실시
- 취업규칙 마련

그림 3-1 보육교직원 채용절차

출처 : 2016 직장어린이집 운영관리.

2) 임면보고

(1) 보육교직원 임면보고

- 어린이집 원장은 보육교직원 채용, 휴직, 출산휴가, 육아휴직, 1개월 이상의 장기병가, 퇴직 등의 임면사항을 14일 이내에 관할 시 · 군 · 구청장에게 보고하여야 하고, 교사의 출산휴가, 육아휴직, 장기병가 등의 사유 발생 시 영유아 보육을 담당하기 위해 채용된 대체교사로서 주당 30시간 이상 근무하는 자의 임면사항을 관할 시 · 군 · 구청장에게 보고하여야 한다.
- 임면보고방법 : 2015년부터 보육통합정보시스템에 직접 입력 후 관련 서류를 관할 시 · 군 · 구청장에게 서면보고해야 한다.

(2) 자격의 적격성 확인

어린이집으로부터 보육교직원 임면보고를 받은 시 · 군 · 구청장은 자격조건이 필요한 원장, 교사, 치료사, 간호사, 영양사 등의 자격의 적격성을 확인해야 한다. 국가자격증을 발급받은 보육교사는 보육통합정보시스템을 통하여 자격의 적격성을 확인한다.

(3) 결격사유 확인

① 성범죄 경력 조회 및 관리

임면권자는 보육교사에 대해 「아동 · 청소년의 성보호에 관한 법률」 제56조에 따라 채용 전에 또는 채용 중인 경우에 성범죄 경력 조회를 경찰청 온라인시스템http://crims.police.go.kr을 통하여 신청하고 확인하여야 한다. 성범죄 경력 조회 결과 어린이집에 취업 또는 사실상 노무 제공이 제한되는 자는 배제하여야 하고, 근무 중인 자에 대하여서는 해임하여야 한다. 관할 시 · 군 · 구청장은 「아동 · 청소년의 성보호에 관한 법률」 제57조에 따라 임면보고된 보육교직원에 대하여 '성범죄경력자의 취업 점검, 확인 계획'을 수립하고 연 1회 이상 점검 · 확인 실시하며 시 · 군 · 구에서 취합하여 보건복지부로 보고하여야 한다.

② 아동학대 관련 범죄 전력 조회 및 관리

임면권자는 보육교사에 대해 「아동복지법」 제29조의 제4조에 따라 채용하기 전에 또는 채용 중인 경우에 아동학대 관련 범죄경력 조회를 경찰청 온라인시스템을 통하여 신청하고 확인하여야 한다. 아동학대 관련 범죄 전력 조회 결과 어린이집에 취업 또는 사실상 노무 제공이 제한되는 자는 배제하여야 하고, 근무 중인 자에 대해서는 해임하여야 한다.

(4) 경력관리시스템의 입력관리

현재 모든 어린이집 보육교직원의 경력관리는 보육통합정보시스템에 보육교직원 임면과 동시에 관리되고 있으며 보육교직원 해임 시까지 자동관리되고 있다. 따라서 신원조회 결과에 결격 사유가 없으면 보육통합정보시스템 내의 경력관리시스템에 입력하여 관리한다.

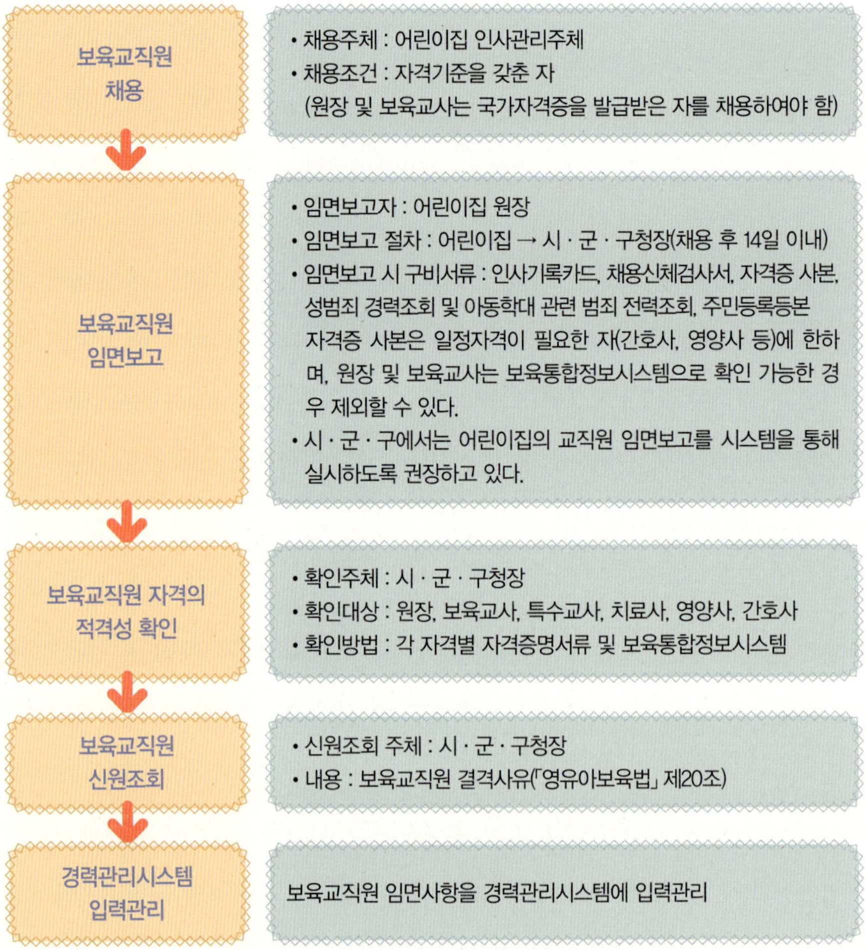

그림 3-2 보육교직원의 채용 및 임면보고 절차

출처 : 2016 보육사업 안내.

CHAPTER

04

보육교사의 성장

1. 보육교사의 지식 | 2. 보육교사의 자기관리 | 3. 보육교사의 반성적 사고와 자기평가

CHAPTER 04

본 장에서는 보육교사가 된 이후에 실제 어린이집 현장에서 보육교사로 근무하는 과정에서 경험하는 다양한 성장과정에 대해 살펴보고자 한다. 보육교사로서 매일의 보육활동과정에서 필요로 하는 지식에는 무엇이 있는지 알아보고, 보육현장에서 경험할 수 있는 업무와 관련된 심리사회적 요소들에 대해 다루고자 한다. 또한 건강한 직무 수행을 위한 정서관리방법에 대해 살펴보고 마지막으로 보육교사의 직무활동 중 나타나는 바람직한 성장과정으로서의 반성적 사고와 자기평가에 대해 소개하고자 한다.

1. 보육교사의 지식

1) 교사에게 필요한 지식

교사는 학생을 가르치는 역할을 수행하는 과정에서 교과에 대한 전문지식은 물론 교육과정의 전반에 관한 다양한 지식을 갖추고 있어야 한다. 여기에 더해 바람직한 역할 모델로서의 지식 또한 필요하다는 점에서 교사에게 필요한 지식의 범위는 매우 넓고 포괄적이다.

교육학적 입장에서 슐만(Shulman, 1987 ; 문혁준 외, 2010)은 교사에게 필요한 지식을 6가지로 구분하여 제시하였다.

- 교과 내용에 관한 지식
- 일반 교육학적 지식
- 교과교육학적 지식
- 교육과정에 대한 지식, 교육환경 지식
- 학습자와 학습자 특성에 대한 지식
- 교육의 목표 및 가치에 대한 지식

이 중 슐만(1987)이 강조하고 있는 교과교육학적 지식은 학습자에 대한 이해를 바탕으로 특정 교과에 대한 구체적인 교수 내용 및 방법을 선택, 조직하는 데에 필요한 핵심적 지식이라 할 수 있다. 그러나 영유아를 학습대상자로 하는 보육교사의 역할은 교육학적 입장에서 강조하는 교사의 역할과는 다소 차이가 있을 수 있다(문혁준 외, 2010). 즉, 특정 교과에 대한 전문가적인 이해보다는 학습자의 특성에 대한 지식이나 교육환경 및 교육과정에 대한 지식이 더 중요한 지식으로 이해될 수 있다. 특히, 영아 보육교사의 경우 발달연령에 따른 학습자 간 차이가 매우 클 뿐 아니라 같은 연령대에서도 발달의 개인차가 크다는 점에서 학습자와 학습자 특성에 대한 지식이 가장 중요한 기본 바탕이 되는 지식일 수 있다. 또한 개별 영유아에 대한 지식은 동일한 교육 내용에 대한 교육과정의 다양한 접근으로 이어져야 한다는 점에서 교육과정에 대한 지식을 필요로 한다. 영유아 보육의 일차적 목적은 인지적 성장이 아닌 생활 속에서의 건강한 발달과 성장이라 할 수 있다. 따라서 가정 및 지역사회와의 연계는 매우 중요한 교육요건이다. 이러한 점에서 교육환경에 대한 이해 또한 보육교사가 지녀야 하는 중요한 지식으로 간주된다.

2) 보육교사에게 필요한 지식

보육교사가 갖추어야 할 지식은 단순히 영유아 보육에 대한 내용적 지식만을 의미하지는 않는다. 보육교사의 역할이 영유아를 보호하고 양육하며 가르치는 다양한 역할을 포함하는 만큼, 영유아에 대한 발달 및 교육적 지식은 물론 교육환경을 구성하고 교육과정을 운영하는 교육과정적 지식 등 다양한 지식을 필요로 한다.

보육교사는 교육의 대상이 0~5세 영유아이며, 특히 영아의 경우 인지적 학습보다는 신체운동, 언어인지, 사회정서 등 모든 발달영역에 대한 통합적이고 전인적인 발달 지원이 우선이라는 점에서 일반적인 교과교육자로서의 교사가 필요로 하는 지식과는 다른 지식을 필요로 한다. 유아교사들이 갖추어야 하는 지식과 기술에 대해, 양옥승, 박승렬, 박은혜, 조부경(1997)은 표 4-1과 같이 7가지 지식 분야를 제시하였다. 양옥승 등(1997)의 제안은 교육의 대상이 유아라는 점에서 구체성 및 강조점, 범위의 포괄성 등에서 슐만(1987)의 구분과 다소 차이를 보인다.

표 4-1 유아교사에게 필요한 지식

영역	세부 내용
유아에 대한 이해	각 발달영역(신체, 언어인지, 정서사회성)에 대한 지식
	연령에 따른 발달특성에 관한 지식
	특수아동(발달지체아, 영재아)의 발달특성에 관한 지식
	유아평가방법에 대한 지식과 활용
	가족 및 사회문화적 상황(지역, 성, SES)에 따른 개별 영유아에 대한 이해 및 발달과 학습 지원을 위한 지식
교육과정에 대한 이해	국가수준의 유치원 교육과정 또는 보육과정에 대한 이해 및 적용
	최신 관련 이론 및 활동의 적용
	유아 및 가족을 위한 통합복지서비스 계획 및 수행
	유아교육과정의 특수성에 대한 이해

영역	세부 내용
교육과정에 대한 이해	유아교육과정의 계획 및 실행 • 교육/보육 목표, 개별 유아, 가족, 지역사회의 특성에 적합한 교육/보육 계획 수립 • 각 교과 내용에 대한 이해 • 각 교과영역의 통합적 적용 • 연령별/개별 발달적/수준별, 개별/소집단/대집단 구성방법에 대한 이해 • 유아–교사 상호작용 유형 및 방법에 대한 이해
	교구교재의 제작 및 활용기술
	학급 및 관리에 대한 이해
	유아교육과정의 평가 내용 및 방법에 대한 이해와 적용
	놀이에 대한 전반적 이해
교육 및 사회현상에 대한 이해	사회적 맥락 및 지역적 특성에 대한 이해
	가족의 다양한 구조, 역동성, 역할 및 관계에 대한 지식 적용
	역사에 대한 이해
	철학에 대한 이해
	미래 지향적 사고 형성을 위한 기초 지식
	인간과 문화에 대한 이해
	전통 및 민족의식에 대한 지식과 이해
유아교육현장에 대한 이해와 적용	다양한 연령을 대상으로 하는 유아교육기관의 관찰 및 참여
	다양한 유형의 기관에서의 실제적인 경험
	질적 수준이 우수한 기관에서의 실제적인 경험 및 분석평가
	사전, 정규, 사후 실습을 통한 유아교육의 이론적 적용
	실습지도 교사, 교수, 실습생의 상호협조체계를 통한 이론의 적용
유아교사의 전문성에 대한 이해	교육학의 기초지식에 대한 이해
	유아교육에 대한 사명감 및 교사로서의 자신감 형성
	유아교사의 역할에 대한 이해
	윤리강령의 필요성에 대한 이해
	유아교사의 전문성, 전문화에 대한 이해
	유아와 가족에게 영향을 미치는 정책에 대한 이해
의사소통기술	유아와의 의사소통기술
	부모와의 의사소통기술
	동료 및 상급자와의 의사소통기술
	지역사회 인적자원과의 의사소통기술
연구능력	현장 연구자로서의 연구방법에 대한 이해와 적용
	반성적 사고 및 실천적 지식의 형성

출처 : 양옥승 외(1997) ; 문혁준 외(2010).

양옥승 등(1997)이 제시한 유아교사에게 필요한 지식의 내용을 바탕으로 보육교사는 영유아를 모두 포함하는 학습자의 연령대를 감안하여 보다 포괄적인 지식을 필요로 할 것이다. 이미화 등(2008)은 영유아를 보육하는 교사들에게 필요한 능력으로 다음과 같이 태도 및 가치, 지식, 기술의 3가지 영역을 제시하였다.

- 태도 및 가치 : 교직 인성, 전문성 신장, 법 제도 이해
- 지식 : 영유아에 대한 이해, 영유아 교육과정에 대한 이해, 교과 내용 지식
- 기술 : 영유아교수방법, 의사소통기술, 가족 · 동료 · 지역사회와의 협력관계 구축, 테크놀로지 활용능력, 사무처리

이처럼 영유아를 보육하는 보육교사는 보육대상자의 연령, 보육 목적, 보육 제공 시간, 보육 내용 등의 면에서 일반 교과교육교사와는 차별성을 가지므로 영유아 보육에 적합한 다양하고 구체적인 지식을 갖추어야 할 것이다. 즉, 영유아발달에 대한 지식을 기본 바탕으로 하여 영유아평가 및 관찰능력, 통합적 보육과정의 조직 및 운영기술, 원만한 관계 형성을 위한 의사소통기술 등은 물론 영유아의 전인적 발달을 돕기 위한 지원자로서의 폭넓은 학문적, 사회적, 정책적 지식을 갖추어야 할 것이다.

2. 보육교사의 자기관리

1) 교사효능감

(1) 교사효능감의 개념

교사효능감은 반두라(Bandura, 1986)가 소개한 자기효능감의 개념에서 파생된 개념이다. 자기효능감이란 자신의 능력에 대한 개인적 신념을 의미한다. 즉, 특정 문제를 스스로 해결할 수 있다는 자신감과 기대감을 의미하며, 이는 자신의 능력에 대한 믿음을 포괄하는 개념이다.

비슷한 맥락에서, 교사효능감은 교사 스스로 자신의 교수능력에 대해 가지는 신념으로 정의된다. 특히, 교사효능감은 학습자에 대해 긍정적인 영향을 미치는 교사의 영향력에 대한 주관적 평가이다(Ashton, 1984).

교사효능감은 다양한 요인들에 의해 형성된다. 여기에는 성별, 경력, 학력, 지식 및 교직 경험 등과 같은 교사 개인의 특성이 포함되며, 이 밖에도 기관의 조직구조, 교직문화, 학생의 능력과 특성, 지역사회의 교육 여건 등과 같은 직무환경 및 교육환경요인이 있다(Denham & Michael, 1981 ; Gibson & Dembo, 1985). 일반적으로 개인적 특성에서는 학력이 높고 보육 경험이 있을 때, 그리고 전문적인 보육 관련 교육을 이수한 경우 교사효능감이 높은 것으로 조사된다(김희진, 이분려, 1999 ; 서정임, 2000). 그러나 경력요인의 경우 초임교사에 비해 경력이 많아질수록 교사효능감이 높다는 연구와 이와 반대로 교사효능감이 오히려 낮아진다는 상반된 보고가 공존한다(이희자, 함은숙, 김경의, 2003). 이와 같은 다양한 영향요인 중, 특히 교사교육 경험은 교사효능감 형성에 가장 큰 영향을 미치는 요인으로 이해된다. 즉, 교사의 직무 수행에 필요한 적절한 지식과 기술에 대한 교육 경험은 교사들로 하여금 교사 직무를 수행하는 과정에서 자신의 자질이나 능력에 대한 구체적인 기대와 긍정적인 신념을 형성하게 해주는 밑바탕이 된다(Ashton, 1984).

(2) 교사효능감의 중요성

교사의 교수능력에 대한 주관적 평가인 교사효능감은 교사의 행동방식을 결정하는 매우 강력한 영향요인이다(Tschannen-Moran & Woolfold, 2001). 교사효능감이 높은 교사들은 학습자의 의욕과 동기에 긍정적 영향을 미칠 수 있다는 확신을 가지며 이는 실제적으로 교수 장면에서 다양한 노력으로 나타난다. 이러한 노력은 교사들의 지도능력에서의 실제적 차이를 야기하며 그 결과 학습자의 학업 성취도에 긍정적인 영향을 미치는 것으로 보고된다(Gorrell & Hwang, 1995 ; 박수경, 2013).

보육교사의 교사효능감에 대한 연구들 역시 긍정적인 교사효능감이 보육의 질을 높이는 영향요인임을 일관되게 보고한다(류민영, 2013 ; 신혜영, 2004 ; 이경화, 2016). 특히, 보육교사의 교사효능감 연구는 영유아와 교사 간의 상호작용과정에서 나타나는 교사 민감성과의 관련성을 잘 보여 준다. 즉, 교사효능감이 높은 보육교사는 영유아에 대한 민감성이 높아 영유아의 요구에 즉각적이고 적절한 반응을 하며, 이는 영유아의 긍정적 발달에 도움을 준다. 따라서 교사들은 자신의 바람직한 역할 수행은 물론 학습자의 긍정적 발달을 위해 교사효능감을 높일 수 있도록 노력해야 할 것이다.

표 4-2 교사효능감 측정도구 문항의 예

번호	문항	①	②	③	④	⑤
1	영유아가 평소보다 적극적으로 활동하는 것은 교사의 노력 때문이다.					
2	영유아들이 어떤 분야에 대해 관심을 더 많이 가지게 된다면 교사가 효과적으로 가르치는 방법을 잘 적용했기 때문이다.					
3	영유아가 어떤 활동에 흥미를 보이지 않는 것은 교사의 교수방법이 적절하지 못하기 때문이다.					
4	교사가 효과적으로 잘 가르치는 방법을 사용하면 영유아의 부족한 지식은 향상될 수 있다.					
5	몇몇 영유아가 어떤 활동에 흥미를 보이지 않는 것은 교사의 탓이라고 할 수는 없다.					
6	어떤 활동에 관심이 없었던 영유아가 활발한 참여를 하는 것은 교사의 적극적인 가르침 때문이다.					
7	교사가 가르치는 데 많은 노력을 기울일지라도 영유아의 어떤 활동에 대한 태도는 변하지 않을 수 있다.					
8	어떤 활동에 대한 영유아의 관심과 흥미 정도는 일반적으로 교사에게 책임이 있다.					
9	영유아의 적극적인 활동 참여는 그 활동에 대한 교사의 가르치는 능력과 직접적인 관련이 있다.					
10	영유아가 어린이집의 활동에 흥미를 많이 보인다는 부모의 반응은 아마도 교사의 적절한 가르침 때문일 것이다.					
11	어떤 활동에 전혀 관심을 보이지 않는 영유아에게는 교사가 효과적으로 잘 가르쳐도 영향을 미치지 않는다.					
12	교사가 잘 가르치는 능력을 가졌어도 어떤 영유아는 동기 유발을 시킬 수 없다.					
13	나는 효과적으로 가르치는 방법이 무엇인지 알아내고자 끊임없이 노력한다.					
14	나는 아무리 노력해도 어떤 영역의 활동은 다른 영역의 활동보다 잘 가르치지 못한다고 생각한다.					
15	나는 영유아들을 효과적으로 가르치기 위한 단계를 알고 있다고 생각한다.					
16	나는 영유아들을 가르치는 데 있어서 그다지 유능하지 않은 것 같다.					
17	나는 영유아들을 비효과적으로 가르친다고 생각한다.					
18	나는 영유아들을 가르치는 데 필요한 만큼의 지식이 있다고 생각한다.					
19	나는 영유아들에게 어떤 활동을 왜 하는지 이해시키는 데 어려움을 느낀다.					
20	나는 영유아들이 질문할 때 적절하게 대답할 자신이 있다.					
21	나는 영유아들을 가르치는 선생님으로서 내가 필요한 능력을 가지고 있는지 염려된다.					

번호	문항	①	②	③	④	⑤
22	나는 나의 가르치는 능력을 외부 전문가로부터 객관적으로 평가받는 것이 꺼려진다.					
23	나는 영유아가 어려움을 나타낼 때 어떻게 가르쳐야 할지 당황한다.					
24	나는 영유아의 질문을 잘 받아주고 격려한다.					
25	나는 영유아들이 어떤 것에 관심을 갖도록 하기 위해서 어떻게 해야 할지 모르겠다.					

※ 응답기준 : ① 전혀 그렇지 않다 / ② 그렇지 않다 / ③ 보통이다 / ④ 그런 편이다 / ⑤ 매우 그렇다

출처 : 백영숙(2013).

(3) 교사효능감의 측정

교사효능감의 구성요소는 교사로서의 효능감과 구체적 직무 내용에 대한 효능감, 그리고 일반적 자기가치감 등 다양한 요소를 포함한다. 보육교사를 대상으로 교사효능감을 연구한 국내 연구들에서는 에녹스와 릭스(Enochs & Riggs, 1990)에 의해 개발된 도구Science Teaching Efficacy Belief Instrument : STEBI를 가장 많이 활용하고 있다. 이 척도는 과학교육과 관련된 효능감을 측정하기 위해 개발된 도구이다. 따라서 국내 연구들에서는 이를 기초로 어린이집 상황 및 보육교사의 역할에 맞게 문항의 내용을 수정하여 사용한다. 수정된 척도는 일반 효능감과 개인 효능감을 포함한 총 22개의 문항으로 이루어져 있다표 4-2.

최근 국내 연구에서는 보육교사에게 보다 최적화된 교사효능감 척도를 개발하여 사용하기도 한다. 이러한 척도는 보육교사의 업무적 특수성을 반영하여 보다 세분화된 구성요소를 포함한다. 예를 들어, 김선영과 서소정(2010)의 유아교사 효능감 척도는 연속적인 환경 경험의 제공, 환경 및 일과 구성, 학급운영관리, 교수, 돌봄, 영유아와의 상호작용 등 6개 하위요인, 총 55개 문항으로 구성되어 있다.

2) 직무만족도

(1) 직무만족도의 개념

직무만족도란 개인이 직무에 대해 느끼는 정서적 감정과 태도를 의미한다

(Schultz & Schultz, 2008). 직무만족의 개념은 특히 직업활동을 통해 개인이 자아 충족을 얼마만큼 이루는가와 관련되기 때문에 직무 자체에 대한 만족을 넘어 직업과 관련된 전반적이고 총체적인 성취감과 보람을 의미한다(조성연, 2005). 비슷한 맥락에서 보육교사의 직무만족도는 어린이집이라는 조직 속에서 자신이 맡은 역할을 수행하면서 느끼는 긍정적 · 부정적 반응이라 정의할 수 있다.

직무만족도에 영향을 미치는 요인은 연령, 성별, 성격, 경력, 학력, 건강상태, 심리적 안녕감 등의 개인적 요인과 급여, 직업안정성, 근무시간 등의 직무환경 및 사회적 요인 등으로 다양하다. 예를 들어, 개인적 요인 중 연령이 높을수록, 근무경력이 많을수록, 그리고 학력이 낮을수록 보육교사의 직무만족도가 높은 것으로 보고된다. 또한 직무 관련 요인 중에는 근무시간이 짧고 출근시간이 늦을수록, 직무환경이 좋을수록, 그리고 보수가 많을수록 직무만족도가 높은 것으로 나타난다(신광순, 유연옥, 2016 ; 조성연, 2005). 그러나 보육교사의 직무만족도는 이러한 각 요인들의 개별적 영향보다는 이들 간의 상호작용을 통해 형성된다. 이 밖에도 보육교사의 직무만족에 관한 연구에서는 직무만족도에 대한 영향요인으로 직무스트레스, 조직 내의 인간관계, 업무과중과 같은 직무환경 관련 요인은 물론 자기효능감, 자기결정성, 사회적 지지 등의 다양한 요인을 포함한다.

(2) 직무만족도의 중요성

보육교사의 직무만족도는 보육교사의 직무 수행을 통해 보육의 질에 영향을 미친다는 점에서 중요하게 인식된다. 자신의 직무에 만족하는 교사는 보람과 성취감을 통해 직무에 대한 긍정적인 인식과 높은 관심을 보인다. 그리고 이러한 특성은 조직 내에서 원만한 인간관계 형성은 물론 직무 수행에서도 긍정적 성과를 야기한다(성은숙, 2013). 즉, 직무만족은 교사로 하여금 직무 관련 목표를 충족하게 하며 이는 더 높은 수준의 노력을 위한 동기로 작용한다는 점에서 긍정적 성과로 이어질 수 있다.

특히, 보육교사는 영유아에게 미치는 영향력이 크다는 점에서 보육교사의 직무만족은 교사 개인의 직업적 성취 및 직무에 대한 태도 등을 통해 영유아의 발달에 직 · 간접적인 영향을 미친다.

(3) 직무만족도의 측정

직무만족도를 구성하는 요인은 매우 다양하다. 직무만족도를 측정하기 위해 개발된 측정도구들은 직무만족도의 다양한 구성요인을 포함한다. 국내 연구에서 많이 사용되는 직무만족도 측정도구로 블룸(Jorde-Bloom, 1988)이 제작한 도구Early Childhood Job Satisfaction Survey : ECJSS를 들 수 있다. 이 척도의 하위요인으로는 동료관계, 원장과의 관계, 직무 자체, 근무환경, 보수와 승진 등이 있다.

대한교육연합회(1982)의 교사 직무만족도 척도Korean Teacher Opinionnaire : KTO를 참조하여 노종희(2001)가 제작한 척도Teacher Job Satisfaction Questionnaire에서는 동료관계, 원장과의 관계, 보상관계, 행정적 지원, 근무환경, 전문성 인식 등의 요소에 대해 만족 정도를 측정한다. 또 다른 측정도구로 표 4-3에 제시한 이명주(1984)의 척도는 직무 자체나 근무환경, 보수 등의 공통된 요인에 대한 만족 이외에 교사직에 대한 사회적 인정요인을 포함하고 있다는 점에서 보다 포괄적인 직무만족을 측정한다.

표 4-3 직무만족도 측정도구 문항의 예

번호	문항	①	②	③	④	⑤
1	나는 어린이집의 하루 일과를 마치고 나면 보람을 느낀다.					
2	나는 어린이집에서 내가 하는 일은 가치가 있다고 생각한다.					
3	우리 어린이집은 교육활동 외 부가적인 잡무가 많은 편이 아니다.					
4	내가 하는 업무는 발전적인 변화가 있다.					
5	우리 어린이집에서 요구되는 업무를 처리하기에 시간이 충분하다.					
6	우리 어린이집은 내가 받은 훈련과 기술을 적용시키기 어렵지 않다.					
7	우울하던 기분도 아이들을 보면 상쾌해진다.					
8	나는 어린이집에서 근무하면서 싫증을 느낄 때가 거의 없다.					
9	내가 지금 하고 있는 일은 내 적성에 맞는다.					
10	나는 학부모에게 존경받고 있다.					
11	나는 어린이집교사라는 것을 남 앞에 떳떳이 내세울 수 있다.					
12	어린이집교사는 사회적으로 인식이 괜찮다.					
13	사람들은 대체로 어린이집교사의 중요성을 잘 인식하고 있다.					
14	어린이집교사는 초·중등교사에 비해 사회적으로 인정받고 있다.					

번호	문항	①	②	③	④	⑤
15	어린이집교사는 지금보다 더 인정받을 필요가 있다.					
16	우리 어린이집은 유아 대 교사 비율이 적당하다.					
17	우리 어린이집은 학습자료가 충분히 제공되고 있다.					
18	우리 어린이집은 업무량이 많아 피로를 느끼는 일이 별로 없다.					
19	우리 어린이집의 일일 및 주당 수업시간은 적당하다.					
20	우리 어린이집은 하루 일과를 평가할 시간이 충분하다.					
21	우리 어린이집 교실 밖의 소음이 수업을 방해하지 않는다.					
22	우리 어린이집은 연수나 강습회를 잘 보내준다.					
23	우리 어린이집은 유아의 수에 비례하여 교실의 크기가 적당하다.					
24	우리 원장님은 교사의 교수활동을 지원하기 위해 만족할 만큼의 정보를 제공해 준다.					
25	나의 보수는 학력, 능력, 경력을 고려해볼 때 공정하다.					
26	나는 내가 노력한 만큼 적당한 보수를 받고 있다고 생각한다.					
27	나는 보수규정에 따른 정상적인 호봉을 받고 있다.					
28	나는 보수규정에 따른 제수당, 복리후생비를 받고 있다.					
29	나는 초 · 중등교사와 동등한 보수를 받고 있다.					
30	나는 현재보다 더 많은 보수를 받아야 한다고 생각하지 않는다.					
31	나의 보수는 다른 어린이집과 비교해 공정한 보수를 받고 있다.					
32	내가 받는 보수는 내가 가질 수 있는 다른 직업에 비해 많은 편이다.					

※ 응답기준 : ① 전혀 그렇지 않다 / ② 그렇지 않다 / ③ 보통이다 / ④ 그런 편이다 / ⑤ 매우 그렇다

출처 : 박현옥(2016).

3) 직무스트레스

(1) 직무스트레스의 개념

스트레스란 환경적 자극이나 경험에 대한 개인의 신체적이고 심리적인 반응으로 정의할 수 있다. 한편, 직무스트레스는 개인이 직무를 수행하는 과정에서 직무환경과의 상호작용을 통해 직무와 관련하여 경험하는 스트레스를 의미한다. 적절한 수준의 직무스트레스는 직무 주체에게 자극과 긴장을 제공한다는 점에서 직무 관련 발전 가능성 면에서 긍정적인 측면도 있다(문혁준 외, 2010). 그러나 대개의 직무스

트레스는 부정적 개인의 반응으로 정의된다(신혜영, 2004).

직무스트레스는 다양한 이유로 발생한다. 비르와 굽타(Beehr & Gupta, 1978)는 직무스트레스가 개인요인, 환경요인, 과정요인에 의해 발생한다고 보았고, 브리프와 쉴러(Brief & Schuler, 1980)는 직무스트레스를 야기하는 요인을 조직특성 및 과정, 직무요건 및 역할특성, 개인특성 및 기대의 3가지 요인으로 제시하였다. 직무스트레스 관련 요인은 학자마다 매우 다양하게 분류하나 일반적으로 개인 관련 요인과 근무환경 및 조직 관련 요인을 공통적으로 포함한다.

보육교사의 경우는 낮은 보수와 열악한 근무환경, 과중한 업무, 다양한 역할기대, 영유아에 대한 책임성 등 업무 자체의 특성상 스트레스를 유발하는 매우 많은 요인들이 관여한다. 이와 더불어 보육교사직에 대한 낮은 사회적 인식이나 지원체계의 부족 등도 직무스트레스와 밀접한 관계가 있다.

(2) 직무스트레스의 중요성

직무를 수행함에 있어 발생하는 스트레스는 누구나 경험할 수 있다. 그러나 직무의 특성에 따라 스트레스의 정도에 차이가 있을 수 있으며 이와 더불어 개인에 따라 스트레스를 느끼는 정도 역시 매우 다양하다. 보육교사의 직무스트레스가 특히 중요하게 인식되는 이유는 앞서 설명한 바와 같이 업무의 특수성과 관련이 있다. 보육교사의 직무스트레스는 교사 개인에게 미치는 부정적 영향뿐 아니라 보육의 대상자인 영유아에게까지 관련된다는 점에서 그 영향력의 범위가 매우 크다.

보육교사의 직무스트레스는 교사의 신체적 · 심리적 · 행동적 반응으로 나타날 수 있으며, 이는 보육장면에 직 · 간접적인 부정적 영향을 미친다. 높은 직무스트레스는 교사의 근무의욕과 사기를 저하시키고 직무만족도를 떨어뜨리며 직무 관련 효능감을 낮춤으로써 직무에 부정적인 영향을 미친다. 더욱이 보육교사의 직무스트레스는 결근 및 이직률을 높인다는 점에서(백영숙, 2009) 보육의 안정성 및 일관성과 직결된다. 교사의 빈번한 교체는 특히 영아의 보육기관 적응 및 교사와의 애착관계 형성에 부정적인 영향을 미치기 때문에 교사의 결근 및 이직률을 낮추기 위해 직무스트레스에 대한 적극적 관리가 요구된다.

(3) 직무스트레스의 측정

보육교사의 직무스트레스를 측정하기 위해 개발된 도구들 중 국내 연구에서 많이 활용되고 있는 척도로 신혜영(2004)의 도구를 들 수 있다. 이 척도는 다리엔소, 모라코와 크레제스키(D'Arienzo, Morraco, & Krejeski, 1982)가 개발한 교사 직무 스트레스 측정도구Modified Teacher Occupational Stress Factor Questionnaire : MTOSFQ를 보육교사에 맞게 수정, 보완한 것이다. 원척도는 원장의 지도력 및 행정적 지원 부족, 업무 과부하, 동료와의 관계, 학부모와의 관계 등 4개의 구성요인에 대해 얼마만큼의 스트레스를 느끼는지를 측정한다표 4-4. 이 밖에도 보다 다양한 구성요인을 포함하여 보육교사의 직무스트레스를 측정하기도 한다. 예를 들어, 보육환경 및 급여와 같은 실제적인 근무여건에 대해 느끼는 스트레스를 측정하는 도구는 동료관계, 학부모관계, 보육업무, 업무과부하, 출 · 퇴근 여건, 보육시설환경, 급여 불공정성 인식 등 7가지 요인으로 구성되기도 한다(서정은, 2015).

표 4-4 직무스트레스 측정도구 문항의 예

번호	문항	①	②	③	④	⑤
1	학부모들은 어린이집 일에 지나치게 관여를 한다.					
2	교육활동을 함께 진행하거나 도와줄 보조교사가 부족하다.					
3	어린이집에는 각자에게 부여된 임무를 수행하지 않는 교사들이 있다.					
4	나의 보수는 내 업무와 책임에 비해 낮다.					
5	환경정리, 연락업무, 차량지도 등 잡무가 너무 많다.					
6	교사들 간의 의사소통이 잘 이루어지지 않는다.					
7	교육활동을 위해 준비할 시간이 충분하지 않다.					
8	교사 복지제도(예 : 휴가, 처우개선, 보험 등)가 부족하다.					
9	교사의 근무평가는 공정하지 못하다(예 : 교사에게 제시, 공유되는 근무평가 양식이 없음).					
10	교육활동에 필요한 자료(비품, 교재, 교구)가 부족하다.					
11	교사들의 업무 수행을 위한 시설 및 설비(예 : 교사실, 복사기, 컴퓨터)가 부족하다.					
12	교사들 간에 파벌이 존재한다.					
13	우리 어린이집의 운영은 바람직한 교육의 실제와 맞지 않다.					
14	원장은 교사들을 자주 칭찬하거나 격려하지 않는다.					

번호	문항	①	②	③	④	⑤
15	필요 이상으로 어린이집의 행사가 너무 많다.					
16	원장은 교사의 업무에 대해 적절한 피드백을 제공하지 않는다.					
17	아동 간의 다툼이나 안전사고 등으로 어린이집에 항의하는 학부모들이 많다.					
18	운영과 관련된 제안이나 의견이 받아들여지지 않을 때가 있다.					
19	어린이집에 관련된 결정사항에 대해 내 의견을 솔직하게 말할 수 없다.					
20	내가 맡은 반에 대해 원장이나 주임의 간섭이 심하다.					
21	교직원들 간의 관계가 좋지 못하다.					
22	우리 어린이집의 운영방식은 일관성이 없다.					
23	근무시간이 너무 길어(당직을 포함하여) 개인적인 시간을 갖기 어렵다.					
24	교사들 간에는 서로 협조하기보다는 경쟁이 심하다.					
25	학부모들은 교사에게 무례하거나 과도한 요구를 한다.					
26	교사들의 업무 수행을 도와줄 보조인력(예 : 사무원, 청소원, 관리인 등)이 부족하다.					
27	원장은 교사들에게 지시적이고 명령적이다.					

※ 응답기준 : ① 전혀 그렇지 않다 / ② 그렇지 않다 / ③ 보통이다 / ④ 그런 편이다 / ⑤ 매우 그렇다

출처 : 신혜영(2004).

(4) 스트레스 대처

직무 상황에서 발생하는 스트레스가 대부분 부정적인 영향이 더 크다는 점에서 스트레스를 받지 않도록 노력하거나 또는 발생한 스트레스를 적절하게 관리하고 대처할 필요가 있다. 즉, 스트레스 대처방안에 대한 적극적인 선택은 스트레스로 인한 부정적 영향력을 줄이는 직접적인 대안이라 할 수 있다. 라자러스와 포크맨(Lazarus & Folkman, 1984)은 스트레스 대처방안으로 다음의 2가지 방법을 제시하였다.

- 문제 중심적 대처방안
- 정서 중심적 대처방안

문제 중심적 대처방안은 스트레스와 관련한 문제에 초점을 두고 문제를 해결하기 위해 체계적이고 다양한 전략을 사용하여 문제를 극복하려는 노력을 의미한다. 반면, 정서 중심적 대처방안은 스트레스에 의해 발생한 부정적인 정서적 반응에 초

점을 두어 이를 감소시키려는 노력을 의미한다. 정서 중심적 대처방안은 대개 스트레스 상황을 회피하거나 스트레스에 대한 인식을 바꾸는 등의 방법이 활용된다. 상황에 따라, 개인에 따라 선호하는 스트레스 대처방안에는 차이가 있다. 그러나 선행 연구들에서는 정서 중심적 대처방안보다는 문제 중심적 대처방안이 스트레스 감소 및 결과 측면에서 더 효과적이고 바람직하다고 보고한다(Lazarus & Folkman, 1984).

교사의 직무스트레스 대처방안을 연구한 선행 연구들은 라자러스와 포크맨이 제시한 대처방안을 보다 세분화하여 구분한다. 장미아(1996)는 유치원교사의 직무스트레스 대처방법을 다음의 5가지로 구분하였다.

- 물리적 대처 : 신체적 활동을 통한 대처
- 정신적 대처 : 독서 등의 정신적 취미활동을 통한 대처
- 파괴적 대처 : 알코올 및 음식섭취, 비난 대상 찾기 등을 통한 대처
- 직접적 대처 : 조언 및 대안모색을 통한 대처
- 심리적 대처 : 인식의 전환, 기도 등을 통한 대처

4) 정서노동 및 정서관리

(1) 정서노동의 개념

정서노동은 조직의 목표를 달성하기 위해 직무과정 중 의도적으로 자신의 정서를 관리하고 조절하여 표현하는 것을 의미한다(Grandey, 2000 ; Yanny & Shahar, 1998). 정서노동은 직무자 개인이 아닌 조직의 가치에 부합하는 정서표현 및 관리를 요구한다는 점에서 노동의 관점으로 이해된다(Hochschild, 1983 ; Grandey, 2000에서 재인용).

정서노동은 직무자가 느끼는 실제적인 정서와 표현하는 외현적 정서 간의 일치 정도에 따라 다음의 3가지 유형으로 구분할 수 있다(Grandey, 2000).

- 자연적 행동natural acting : 직무자가 느끼는 실제적 정서와 표현정서가 거의 일치하여 특별한 노력 없이 정서를 표현하는 행동
- 표면적 행동surface acting : 직무자가 느끼는 실제 정서가 조직에서 요구하는 가

치와 불일치하여, 정서를 조절하는 과정을 거쳐 표현하는 행동

- 내면적 행동deep acting : 조직에서 요구하는 가치에 부합하는 정서를 의도적으로 연습하여 비슷한 상황이 발생하였을 때 표현하는 행동

정서노동의 3가지 유형 중 자연적 행동은 의도적인 정서관리를 필요로 하지 않기 때문에 높은 직무만족도와 관련된다. 반면, 표면적 행동은 의도적인 정서관리와 규제를 요구한다는 점에서 높은 직무스트레스를 유발하기도 한다. 더욱이 실제정서와 표현정서 간의 불일치는 자아분리나 자기소외 등으로 이어질 수도 있다(Day, 2004). 한편, 내면적 행동은 표현정서뿐 아니라 내면적 정서까지 노력을 통해 조절하기 때문에 개인의 성향에 따라 전문성의 정서를 느끼게 하는 긍정적 방향으로의 결과로 이어질 수 있다. 그러나 이와는 반대로 자기소외감을 경험하는 등 전혀 다른 경험을 야기할 수도 있다(이운성, 2012).

(2) 정서관리의 중요성

보육교사의 정서는 직무의 특성상 매우 중요한 역할을 한다. 이는 장시간 동안 영유아와 생활하는 속에서 보육교사의 정서적인 바탕이 영유아와의 상호작용과정에 그대로 드러나기 때문이다. 영유아들은 교사를 포함한 주 양육자로부터의 정서적 지지와 격려를 통해 긍정적인 발달을 이루어간다. 따라서 보육교사의 업무는 교사 개인의 정서상태와는 다른 정서표현을 요구하며 이러한 측면에서 정서노동으로 이해된다.

유아교사의 정서노동에 대한 연구들(고재욱, 2012 ; 권정윤, 2010 ; 이선미, 이승미, 2013 ; 이영미, 민하영, 2011)에 의하면, 실제로 유아교육현장에서 대부분의 교사들은 분노나 좌절감 등의 부정적 정서를 억제하거나 축소하여 표현하는 등의 정서관리 경험이 있음을 보고한다.

보육교사의 직무에서 이러한 정서노동이 요구되는 것은, 보육교사의 주요 직무대상이 정서조절에 상대적으로 미숙한 영유아라는 점과 관련이 있다. 또한 교사는 영유아에게 바람직한 정서적 모델로 인식되어야 한다는 역할 관련 기대감 역시 보육교사에게 정서관리를 요구하는 이유이다. 이러한 점에서 부정적 정서의 효과적인 관리 및 조절능력은 보육교사에게 요구되는 자질로 인식되기도 한다(박은혜, 2013 ; 최영희, 2015).

(3) 정서노동의 측정

정서노동을 측정하는 도구는 그랜디(Grandey, 2000)의 정서노동척도Emotional Labor Scale : ELS가 대표적이다. 이 척도는 정서노동의 3가지 유형을 구성요인으로 하여, 자연적 행동, 표면적 행동, 내면적 행동에 대해 총 13개 문항으로 측정한다표 4-5.

표 4-5 정서노동 측정도구 문항의 예

번호	문항 (나는 유아교사로서 효과적으로 학급(교육 및 보육의 실제)을 운영하기 위해…)	①	②	③	④	⑤
1	긍정적 정서(칭찬, 격려 등)를 어려움 없이 표현한다.					
2	내가 느끼는 정서와 관계없이 긍정적인 정서를 가지고 있는 것처럼 꾸며서 표현한다.					
3	교사로서 긍정적인 정서들을 표현하기 위해 노력한다.					
4	유아들이 나타내는 정서에 별다른 노력이나 꾸밈없이 쉽고 자연스럽게 반응한다.					
5	필요하다면 내면에서 느끼는 정서와는 달리 긍정적인 분위기를 형성하기 위해 실제로 느낀 정서를 숨긴다.					
6	필요하다면 나는 가장된 행동을 해서라도 긍정적 정서를 표현하다.					
7	긍정적인 정서(칭찬, 격려 등)를 진심으로 표현한다.					
8	필요하다고 생각되면 긍정적인 정서를 표현하기 위해 스스로 노력한다.					
9	교사로서 표현하도록 기대되는 긍정적인 정서를 실제에서도 경험하기 위해 노력한다.					
10	교사라는 직업에 적합한 긍정적 정서를 표현하기 위해 일종의 가면을 쓰고 있다.					
11	실제로 느낀 정서들을 긍정적인 정서로 바꾸어 표현하기 위해 노력한다.					
12	내가 가지고 있는 정서와는 일치하지 않지만 유아들에게 긍정적인 정서를 표현한다.					
13	교사로서 기대되는 정서(칭찬, 격려 등)를 표현하기 위해서 노력한다.					

※ 응답기준 : ① 전혀 그렇지 않다 / ② 그렇지 않다 / ③ 보통이다 / ④ 그런 편이다 / ⑤ 매우 그렇다

출처 : 이운성(2012).

3. 보육교사의 반성적 사고와 자기평가

1) 반성적 사고

(1) 반성적 사고의 개념

미국의 교육철학자 듀이(Dewey, 1933)는 인간의 사고를 2가지로 구분하여 설명한다. 하나는 특별한 의식 없이 이루어지는 사고이며, 다른 하나는 신중하게 지속적으로 심사숙고하여 이루어지는 적극적인 탐구적 사고이다(박준영, 1995 ; Dewey, 1933 / Boydston, 1986). 듀이는 후자의 경우를 반성적 사고reflective thinking라는 용어로 소개하였으며, 반성적 사고는 개인과 사회의 문제를 해결하고 성장하는 데에 가장 효과적인 방법이라고 설명하였다(Bhattacharyya, 1969). 반성적 사고가 성장에 효과적인 이유는 사고의 과정 동안 개인의 경험을 끊임없이 재조성하고, 재조직하기 때문이다(박준영, 1995).

(2) 반성적 사고의 과정

반성적 사고의 과정은 6개의 단계로 구분된다(Dewey, 1933 / Boydston, 1986). 각 단계에 대한 설명은 표 4-6과 같다. 표에서 보는 바와 같이 모호한 상황이나 문제 상황에 직면하게 될 때 인간은 문제와 상황에 대한 탐구를 시작한다. 그리고 이를 명확히 하기 위해 사실에 대해 관찰하며, 이는 해결방안을 제시하는 방향으로 전개된다. 그러나 여기서 관찰은 일회성으로 이루어지기보다 관찰들 간의 연속적인 상호작용에 의해 그 범위와 내용이 끊임없이 확장, 축소된다. 이러한 사고과정 동안 모든 조건을 만족시키는 해결책을 발견하는 타당성 검증과정을 통해 문제는 해결된다고 설명한다.

표 4-6 반성적 사고의 단계

단계	명칭	내용
1단계	암시단계	문제 상황이나 모호한 상황이 나타나는 단계를 의미한다.
2단계	지성적 정리단계	문제 상황이나 모호한 상황을 개인의 지식과 정보를 바탕으로 정리하는 단계이다.

단계	명칭	내용
3단계	가설단계	문제의 상황을 분명하게 진술함으로써 그 문제를 해결하는 방법으로서의 가설을 정립하거나 가능한 해결책을 제시하는 단계이다.
4단계	추리작용단계	여러 가지 가능한 가설들의 의미를 파악하고 추리하는 단계이다.
5단계	검증단계	관찰과 실험 등 다양한 검증방법을 통해 가설을 검증하는 단계이다.
6단계	전망단계	검증 결과를 바탕으로 미래에 대한 전망을 제시하는 단계이다.

출처 : Hahn(1980).

(3) 반성적 사고 원리

듀이는 반성적 사고를 통해 지적 성장이 이루어진다고 보았기 때문에 반성적 사고를 가능하게 하는 교육 원리로 다음의 4가지 원리를 제시하였다(Dewey, 1933/Boydston, 1986).

- 솔직성
- 열린 마음
- 성심성
- 책임성

솔직성의 원리는 문제의 해결과정 동안 사고의 주체는 정확한 자기의식self-consciousness을 가져야 하며 압박감을 느끼지 않아야 한다는 원리이다. 열린 마음의 원리는 새로운 생각에 대해 비판적이고 객관적으로 주체의식을 가지고 선택하는 태도를 의미한다. 성심성의 원리란 사고의 과정에 마음을 집중해야 함을 의미한다. 이는 반성적 사고가 문제에 대한 강한 흥미를 가지고 집중할 때 활발하게 일어나기 때문이다. 마지막으로 책임성의 원리는 자신의 직무와 행동의 결과에 대한 책임성을 의미한다. 이는 반성적 사고의 주체가 문제를 발견하고 해결하는 모든 과정에 대해 스스로 책임을 가지고 수행할 때 가장 효과적인 반성적 사고가 가능하기 때문이다.

반성적 사고에 대한 듀이의 개념 및 교육 원리 등에 기초하여 이후 학자들은 반성적 사고가 효과적으로 이루어지기 위한 단계를 구분하여 제시하였다. 그중 숀(Schon, 1983)은 반성적 사고가 이루어지는 시기에 따라 표 4-7과 같이 3가지로 반성적 사고를 구분하였다(박은혜, 2010).

표 4-7 시기에 따른 반성적 사고

구분	내용
실천행위에 대한 반성적 사고 (reflection-on-practice)	이미 일어난 문제나 상황에 대해 이후에 이루어지는 반성적 사고를 의미한다. 상황에 대한 전반적이고 포괄적인 이해를 바탕으로 한 사고가 가능하다.
실천행위 중의 반성적 사고 (reflection-in-practice)	행위가 이루어지는 과정 중에 발생하는 반성적 사고로, 상황 및 문제에 직접적인 사고가 가능하다.
실천행위를 위한 반성적 사고 (reflection-for-practice)	보다 바람직한 행위가 일어나도록 선제적으로 이루어지는 반성적 사고를 의미한다. 구체적으로 일어난 문제나 상황에 대한 사고가 아니므로 포괄적이고 적극적인 사고로 이해된다.

출처 : 박은혜(2010).

(4) 보육교사의 반성적 사고

듀이가 제안한 반성적 사고는 교육의 궁극적인 목적인 지적 성장을 위한 수단과 도구로 인식된다. 따라서 학습자의 반성적 사고능력 함양이 매우 중요하며 이를 위해 교수–학습자 간 상호작용과정에서 반성적 사고를 위한 실제적 교육이 이루어져야 한다. 한편, 보육교사에게 있어서 반성적 사고는 특히 학습대상자의 연령이 매우 어리며, 보육 내용이 포괄적이고 보육시간도 길다는 점에서 효과적인 보육활동을 위해 적극적으로 요구된다.

유아교사에게 반성적 사고가 필요한 이유에 대해 박은혜(2010)는 다음의 몇 가지 근거를 들어 설명한다.

- 교사의 사고과정 및 신념체계와 실천행위의 관계
- 교수활동의 불확실성과 현장교육의 강화
- 실천적 지식과 자율적인 의사결정자로서의 교사
- 교사교육 프로그램의 체제 순응적 교육과정

교사의 교수행위는 그들의 개별적인 교육 신념에 의해 직접적인 영향을 받는다. 특히, 영유아에 대한 신념과 교수학습에 대한 관점은 환경 구성은 물론 교수법의 선택이나 교육 내용의 조직 등 모든 영역에 영향을 미치기 때문에 보육교사는 교수행위와 관련된 끊임없는 반성적 사고를 필요로 한다. 또한 보육교사의 교수활동 범위는 교과교육을 중심으로 하는 초 · 중 · 고 교사와 비교할 때 포괄성과 불확실성을 가진다. 보육 내용 역시 광범위하며 생활 중심의 실천적 지식을 포괄하기 때문에 보육교사는 보육활동의 모든 과정 중에 반성적 사고를 통해 보다 효과적인 보육이 이루어질 수 있도록 노력해야 한다.

2) 자기평가

(1) 자기평가의 필요성

보육교사의 자질을 향상시키는 방법은 다양하다. 교원연수와 보수교육, 동료장학 등은 보육기관이나 외부의 주도 및 요청에 의해 보육교사의 전문성과 교육적 가치 등을 점검하고 향상시키고자 이루어지는 방법이다. 이와는 달리 자기장학은 교사 자신의 필요에 의해 스스로의 주도로 이루어지는 장학을 의미한다. 자기장학은 자기분석과 자기평가를 바탕으로 한다(문혁준 외, 2010).

보육교사의 자기평가는 그것을 통해 자신의 직무능력과 적성 등에 대한 구체적인 진단이 가능하다는 장점을 가진다. 또한 내적 동기에 의해 평가가 이루어질 경우 그 결과에 대한 개선 등의 효과성이 높다고 할 수 있다.

(2) 자기평가방법

자기장학을 위한 자기평가는 장학의 초점을 어디에 두느냐에 따라 달라질 수 있다. 보육교사의 자기장학이 보육과정계획, 교수방법의 선택, 직무효율성 함양, 스트레스관리, 의사소통기술 습득 등 매우 여러 분야에서 이루어질 수 있기 때문이다.

여기에서는 보육활동과 관련한 전반적인 전문성수준에 대한 평가의 예를 제시하였다표 4-8. 이 밖에 보육교사가 지닌 전문성에 대한 평가는 양육대행자, 건강 및 안전관리자, 보육과정설계자, 영유아기록평가자, 부모와의 협조 및 관계 형성자, 자기개발자 등 다양한 역할영역에 대한 전문성 정도를 평가하는 방식으로 이루어지기도 한다(Suppal, 1997).

표 4-8 전문성수준 측정도구 문항의 예

번호	문항	①	②	③	④	⑤
1	나는 시끄러운 영역과 조용한 영역을 구분하여 배치한다.					
2	나는 실내 흥미영역에 다양한 선택활동영역을 마련한다.					
3	나는 실외 공간을 다양한 활동영역으로 구성한다.					
4	나는 유아가 편안히 쉴 수 있는 안락한 공간을 마련한다.					
5	나는 각 흥미영역에 생활주제에 적절한 교재 및 교구를 배치한다.					
6	나는 교재 및 교구를 수준별로 다양하게 제공한다.					
7	나는 안전하고 위생적인 환경을 유지한다.					
8	나는 유아의 각 발달영역에 대하여 이해한다.					
9	나는 각 연령별 유아발달에 대하여 이해한다.					
10	나는 유아의 흥미와 욕구에 대하여 이해한다.					
11	나는 유아들의 개인차를 이해한다.					
12	나는 특수아의 발달특성에 대하여 이해한다.					
13	나는 허용적인 분위기를 조성한다.					
14	나는 일상생활 속에서 유아들 간에 의견과 생각을 교환하도록 장려한다.					
15	나는 활동의 계획/평가과정에 유아들을 참여시킨다.					
16	나는 유아 스스로 선택한 활동에 참여하여 성취감을 느끼도록 격려한다.					
17	나는 유아의 욕구와 질문에 적극적이고 긍정적으로 반응한다.					
18	나는 교육목표에 적절한 내용 및 방법을 계획, 실시한다.					
19	나는 여러 가지 교육활동을 통합적으로 조직한다.					
20	나는 융통성 있게 일과 운영을 한다.					
21	나는 개인차 및 흥미에 따라 활동을 전개한다.					
22	나는 개인, 소집단, 대집단 학습기회를 제공한다.					
23	나는 유아들이 반응하고 활동을 마무리할 적절한 시간을 제공한다.					
24	나는 유아들이 효과적으로 활동전이를 할 수 있도록 유도한다.					
25	나는 일과 계획을 통해 유아들이 활동과 일과의 순서를 인지하도록 돕는다.					
26	나는 동적 활동과 정적 활동의 균형을 유지한다.					
27	나는 보육과정에 대한 다양한 평가방법을 계획, 실시한다.					
28	나는 보육교사가 천직이라고 생각한다.					
29	나는 보육교사가 발전성 있는 직업이라 생각한다.					
30	나는 보육교사로서 도전적이고 매력적인 일을 하고 있다.					

번호	문항	①	②	③	④	⑤
31	나는 보육교사로서 성취감을 느낀다.					
32	나는 유아의 질문을 반기고 격려한다.					
33	나는 내가 배운 보육 관련 지식과 기술을 잘 적용하고 있다.					
34	나는 변화에 적극적으로 대처할 수 있다.					
35	나는 개인적인 문제에 스스로 대처하고 해결하려고 한다.					
36	나는 이 세상에 살만한 가치가 있는 사람이다.					
37	나는 새로운 사람들을 만나기를 꺼려하지 않는다.					
38	나는 대부분의 사람으로부터 사랑받고 있다.					
39	나는 어떤 사람과도 잘 지낸다.					
40	나는 다른 사람을 즐겁게 해준다.					
41	나는 동료교사들과 서로 관심사에 대해 함께 이야기를 나눈다.					
42	나는 행정적 업무를 수행함에 있어 동료교사들과 서로 돕는다.					
43	나는 유아들에 대하여 동료교사들과 정보를 주고받는다.					
44	나는 수업에 대하여 동료교사들과 정보를 주고받는다.					
45	나는 동료교사들에게 신뢰감을 느낀다.					
46	나는 동료교사들로부터 격려와 지지를 받는다.					
47	나는 부모 및 지역사회인사와 긍정적이고 우호적인 관계를 형성하고 있다.					
48	나는 지속적으로 부모들과 의사소통하고 부모가 유아의 학습과정에 적극적으로 참여할 수 있도록 격려한다.					
49	나는 부모들의 경제적 지위, 능력, 가치, 흥미의 다양성과 지역사회의 특성을 이해하고 인정하며 존중한다.					
50	나는 부모와 지역사회에 대해 적절한 교육적 지원을 하고 있다.					
51	나는 필요시에 활동할 수 있도록 부모와 긴밀한 연락체계를 수립한다.					
52	나는 일하는 시간을 융통성 있게 조절할 수 있다.					
53	나는 쾌적한 근무환경을 조성할 수 있다.					
54	나는 자기발전을 위한 경비 지원을 어린이집에 요구할 수 있다.					
55	나는 대외활동 시 필요한 경비를 어린이집에 요구할 수 있다.					

※ 응답기준 : ① 전혀 그렇지 않다 / ② 그렇지 않다 / ③ 보통이다 / ④ 그런 편이다 / ⑤ 매우 그렇다

출처 : 이종진(2015).

PART 3 보육 직무의 실제

CHAPTER

05

보육교사와 영유아, 교직원 및 학부모와의 관계

1. 영유아와의 관계 | 2. 교직원과의 관계 | 3. 학부모와의 관계

CHAPTER

05

환경과의 상호작용을 통해 경험과 지식을 구성해 나가는 영유아의 건강한 발달을 이끌어 내기 위해서는 영유아와 관계를 맺는 다양한 구성원들이 각자의 역할에 책임을 다해야 하며, 이에 더하여 상호 유기적으로 협력해야 한다. 특히, 보육기관에서 영유아에게 가장 큰 영향을 미치는 교사가 영유아와 어떠한 관계를 맺는가 그리고 보육구성원 및 부모와 어떠한 관계를 맺는가는 영유아가 경험하는 보육의 질을 결정하는 데 있어서 매우 중요한 역할을 한다고 볼 수 있다. 그러므로 교사는 영유아 그리고 동료 교직원 및 부모와 긍정적이며 협력적인 관계를 형성하기 위하여 노력하여야 한다.

1. 영유아와의 관계

어린이집에서 보육교사는 실질적으로 상호작용함으로써 영유아에게 가장 큰 영향을 미치는 대상이다. 영유아에게 교사는 부모를 대신하여 믿고 의지할 수 있는 안전기지로서의 역할을 한다. 또한 사회적인 관계를 맺으며 규칙과 규율에 따라 사회화가 이루어질 수 있도록 돕는 교육자의 역할을 하기도 한다. 이와 같이 보육교사는 영유아에게 단순히 가르치고 보호하는 존재를 넘어서 인간적인 온정과 친밀감, 그리고 서로 신뢰할 수 있는 유대감을 형성하는 존재로 발전하여야 한다.

1) 영아와의 관계

(1) 관계의 특성

영아기의 발달적 중요성과 더불어 영아에게 영향을 미치는 양육자의 역할이 매우 중요하다. 보육교사는 영아와의 관계를 통해 영아의 성장과 발달을 돕는다. 보육교사는 하루 중 많은 시간 영아와 함께 지내며, 영아의 생리적인 욕구에 맞추어 수유와 이유 등 적합한 영양을 제공하며, 배변과 수면 등 일생생활을 함께 하고, 놀이를 통해 영아의 호기심을 채워주는 등 영아와 하루 일과를 함께 하며 영아가 발달적 과업을 이룰 수 있도록 돕는다. 또한 어린이집에서 영아는 또래와의 초보적인 상호작용을 시작하게 되는데, 교사는 영아의 또래관계 형성을 위해 도움을 주며, 다른 영아를 배려하는 행동을 모범으로 보이고 갈등 상황에서는 문제 상황을 침착하게 설명하거나 영아의 주의를 다른 곳으로 돌리는 등 발달에 적합한 방법으로 영아의 또래관계를 돕는다.

김혜경 외(2002)는 영아 보육교사의 역할을 다음의 5가지로 제시하고 있다.

첫째, 조화롭고 부드러운 교사

- 신체적인 편안함과 기쁨을 증가시키기 위해 영아를 마사지해 준다.
- 안아주거나 무릎에 앉혀 두는 등 신체적으로 친밀한 관계를 형성한다.
- 목욕시간 혹은 기저귀를 갈아줄 때 영아의 몸과 머리를 부드럽게 만져준다.

• 영아가 얼마나 사랑스러운지를 기쁜 목소리로 말해 준다.

둘째, 이해자로서의 교사

• 영아가 스스로 시도하려고 하는 행동을 허용해 주며, 배변 또는 식습관훈련이 될 때까지 기다려 준다.
• 각 영아에게 관심을 표현해 줌으로써 개별성을 수용한다.
• 영아가 두려워하거나 화가 났을 때 영아를 이해하며 위로해 줌으로써 관대함과 감정이입의 모델이 되어 준다.

셋째, 안정감을 제공하는 교사

• 영아가 신체적인 애정을 원할 때 신속하게 반응해 준다.
• 교사가 멀리 있다 하더라도 비언어적 신호를 통해 영아가 재충전을 원할 때는 언제든지 안전기저가 될 수 있다는 점을 알린다.
• 격려의 말들, 미소, 인정해 주는 자세 등을 통해 교사가 영아들을 위해 항상 가까이 있다는 확신을 준다.

넷째, 놀이 파트너로서의 교사

• 영아가 스스로 자신의 속도와 흥미에 따라 놀 수 있도록 다양한 놀잇감을 제공한다.
• 서로 마주 보고 공을 주고받는 등의 상호적인 놀이를 한다.
• 영아를 무릎 위에 앉히거나 목마놀이 등 신체적 상호작용을 한다.

다섯째, 설명자로서의 교사

• 영아의 소리 또는 영아가 손가락으로 가리키는 사물을 쳐다보고 그것에 대해 언급함으로써 서로 공유하는 기회를 늘린다.
• 영아가 요청하는 물건을 꺼내 주고, 영아 입장에서의 공감적인 해석을 통해 인지적인 발달을 촉진시켜 준다.
• 교사의 행동을 설명해 준다. 기저귀를 가지러 가기 위해 놀이방을 떠날 때에도 영아에게 무엇을 하러 가는지, 어디에 가는지 그리고 곧 돌아올 것임을 이야기해 준다.

이와 같이 보육교사는 대리 양육자로서 영아의 발달적 특성을 이해하며, 특히 개별 영아의 기질에 맞춘 보육을 통해 영아와 안정적인 애착을 형성하도록 노력할 필요가 있다. 교사는 안정적이며 긍정적인 관계를 통해 영아에게 신뢰감을 발달시켜 주고, 발달에 적합한 놀잇감을 탐색하도록 격려함으로써 영아가 긍정적인 자아상을 갖도록 이끌어 주어야 한다.

(2) 영아와의 관계 증진시키기

보육교사는 영아와 안정적이며 긍정적인 관계를 맺기 위해 영아의 발달특성에 맞추어 상호작용을 할 필요가 있다. 언어적인 소통이 어려운 영아를 위해 교사는 눈 마주치기, 미소 짓기, 우호적 · 반응적으로 이야기하기 등 모든 언어적 · 비언어적 방법들을 고루 활용하여 상호작용하여야 한다(이순형 외, 2013). 또한 부드러운 어루만짐, 포옹, 쓰다듬기, 안기 등 신체적 접촉을 사용하여 제한된 언어능력을 가진 영아와 의사소통을 시도할 수 있다. 영아와 긍정적인 관계를 맺기 위해서 다음의 구체적 방법을 사용할 수 있다(Kostelick et al., 2013).

① 기본적인 보살핌을 신속하게 제공한다

교사는 영아가 도움을 청할 때 즉각적으로 반응할 수 있어야 한다. 영아가 울 때는 아기를 안아주고 무엇을 요구하는지 살펴서 영아의 신호에 교사가 반응하고 있다는 것을 알릴 필요가 있다. 또한 영아의 신호에 규칙적인 유형으로 반응하여 교사가 어떻게 반응할지 영아가 예상할 수 있도록 한다. 또한 영아를 안고 있을 때는 부드럽고 안전하게 다루면서, 교사의 얼굴이나 다른 흥미로운 장면을 볼 수 있게 한다.

② 영아의 개별적인 요구를 발견한다

교사는 자신이 담당하고 있는 모든 영아를 규칙적으로 살펴보고 모든 감각을 사용하여 관찰한다. 또한 첫걸음과 같은 발달 이정표나 영아의 무관심과 같은 걱정스러운 행동에 대해서 시간과 날짜를 기록하며, 영아의 행동에 대해 발달지식을 활용하여 해석할 수 있어야 한다. 특히, 담당 영아의 기질과 개별적 경험을 고려하여 적절한 자극을 제공하며, 영아가 발달함에 따라 변화하는 욕구에 맞추어 적절한 보육을 실시한다. 이때 영아가 직접 시도해보고자 하면 끝까지 할 수 없다 하더라도 스스로 하도록 격려하도록 한다.

③ 영아와 효과적으로 의사소통한다

교사는 영아가 깨어나서 조용히 있는 상태라면 교사의 얼굴, 거울, 모빌 등 쳐다볼 수 있는 것을 제공하여, 영아가 보낸 신호의 의미를 정확히 파악하여 발달수준에 맞게 반응한다. 영아가 언어적으로 반응할 수 없어도 영아에게 말을 건내며 교사의 행동에 대해 설명하는 자세를 취한다. 또한 영아의 몸짓에 언어로 반응하며, 영아의 말을 반복하고 확장시켜 줌으로써 언어적 상호작용을 시도한다.

④ 탐색과 학습을 격려한다

교사는 영아의 발달수준에 맞으면서 흥미롭게 가지고 놀 수 있는 놀잇감을 제공해주며 교사와의 상호작용을 통해 환경을 탐색할 수 있도록 한다. 놀이 시 영아가 새로운 성취를 보이면 그때마다 칭찬해 주고, 영아가 혼자 놀이하고 있다 하더라도 영아 옆에서 탐색을 격려하며 안정감을 갖게 한다.

⑤ 영아가 교사의 요구를 따르도록 지도한다

영아가 했으면 하는 행위가 있을 때 교사가 직접 보여 주고 동시에 말로 설명하며, 영아에게 요구할 때에는 간단하고 일반적인 단어를 사용한다. 또한 영아에게는 지시나 시범을 한 번 이상 해주며, 2세 미만의 걸음마기 유아의 경우 하고 있는 행위를 스스로 멈출 수는 없지만 몇 분간 기다려 주고 부드러운 목소리로 요구사항을 반복해 주면 잘 따른다. 만일 주의를 끌 만한 것이 있으면 대안적인 행동이나 물건을 제공하여 영아의 주의를 분산시킨다.

⑥ 영아가 또래관계를 맺도록 지원해 준다

영아가 편안한 상태에서 깨어 있을 때 영아를 의자에 앉혀 다른 아이들을 볼 수 있도록 하고, 편안하고 안정적인 환경에서 또래와 상호작용할 기회를 마련한다. 또한 갈등을 막기 위해 영아가 함께 놀기에 충분한 공간과 놀잇감을 제공한다. 언어적으로 의사소통이 어려운 영아에게는 놀이를 같이 하고자 하는 영아의 비언어적 시도를 다른 영아에게 대신 말해주거나 보여 줌으로써 교사는 또래 간 놀이를 확장시킬 수 있다.

더 알아보기

영아의 마음 읽어내기

영아–교사관계를 형성해 나아가는 데 기초가 되는 이상적인 영아와 교사의 상호작용은 민감하고 반응적인 상호작용이라는 큰 틀 안에서 설명되어 왔다. 민감한 상호작용은 일반적으로 영아를 목표, 의도, 신념, 생각, 정서 등의 내적 상태를 가지고 있는 존재로 인식하고 적절하게 반응하는 교사의 능력을 의미한다(Degotardi & Sweller, 2012). 영아의 내적 상태에 민감하고 적절하게 반응하기 위해서는 영아의 내적 상태, 즉 신념, 소망, 감정, 사고와 영아의 행동을 연결하고 지각하고 해석할 수 있어야 한다. 영아의 마음 읽어내기는 인지적 측면에서의 양육자의 민감성을 의미하는데, 교사는 영아가 보내는 단서에 단순히 적합하게 반응하는 것뿐만 아니라 행동 이면의 내적 상태에 집중하고 영아의 마음을 읽어낼 수 있어야 한다.

영아교사는 자신의 전문성을 강화하기 위해 영아와의 상호작용을 반영해 보는 장학 및 교육을 시도해 봄으로써 영아의 마음을 이해해 보고 이를 표현하는 언어적 상호작용을 시도할 수 있다. 다음은 영아의 마음과 관련된 교사의 발화의 예이다.

영아의 마음과 관련된 교사 발화의 예

범주	하위 범주		예
마음과 관련된 발화	내적 상태 용어 사용 함	욕구와 선호에 대한 발화	• 용어의 예 : 좋다, 싫다, 사랑하다, 원하다, 마음에 든다, 밉다, 참을 수 없다, ~하고 싶다 등 • 사용의 예 : 프라이팬이 마음에 들어? ○○이가 좋아하는 바나나. 그쪽으로 가고 싶어?
		인지적 과정에 대한 발화	• 용어의 예 : 생각하다, 결정하다, 정하다, 선택하다, 고르다, 해결하다, 기억하다, 관심 있다, 신경 쓰다, (완전히) 빠지다, ~같다(추론) 등 • 사용의 예 : 팔찌도 할 줄 아네. 그 길로 가기로 결정했어? 블록이 그 위에 올라갈 것 같았구나.
		정서에 대한 발화	• 용어의 예 : 기분이 좋다/나쁘다, 걱정하다, 불안하다, 재미있다, 행복하다, 화나다, 겁나다 등 • 사용의 예 : 자고 일어나 기분 좋아? 못하게 하니까 속상하구나. 그렇게 신나? 이건 별로 재미없어?
		타인의 마음에 대한 인식과 관련한 발화	• 용어의 예 : 놀리다, 농담하다, 장난하다 등 • 사용의 예 : 선생님을 놀리네. 선생님이랑 장난치는 거지?

범주	하위 범주		예
마음과 관련된 발화	내적 상태 용어 사용하지 않음	영아의 의향을 미리 파악하여 그 목표를 구체화하는 발화	• 사용의 예 : (영아가 블록이 들어간 작은 구멍이 있는 상자를 흔들자) 구멍에서 블록을 꺼내려고 하는구나.
		교사가 영아의 마음 안으로 들어가 영아를 대신해 하는 발화	• 사용의 예 : (영아가 오뚝이 장난감을 반복해서 밀며 고개를 돌리자 영아가 오뚝이 장난감을 원하지 않음을 감지하고) 저리가, 저리가. (딸랑이가 입으로 잘 안 들어가 짜증을 내자 영아의 마음을 대변하여) 에이, 입으로 잘 안 들어가고! (새에 대한 이야기를 하던 중 영아가 교실에 있는 새 모형으로 고개를 돌리며 "응!"이라고 하자) 거기에도 새가 있지!

출처 : 유주연(2016).

2) 유아와의 관계

(1) 관계의 특성

유아기는 신체적 성장 및 지적 능력의 향상과 더불어 사회적 능력이 크게 발달하는 시기이다. 교사는 제2의 양육자로서 유아의 호기심에 관심을 가지며 자기조절이 부족한 유아를 위하여 적절한 통제하에 유아가 다양하고 유용한 것을 추구하고 흥미 있으며 관심을 가지는 활동을 계획하고 참여할 수 있도록 지지하여야 한다. 여기에서 말하는 통제란 일관성이 있으며 유아가 이해할 수 있는 적절한 것이야 한다. 또한 유아기의 중요한 과업 중 하나는 자아개념 형성이므로 유아가 긍정적인 자아를 형성할 수 있도록 성공의 경험과 사회적 지지를 제공하여야 한다. 이러한 과정에서 교사가 유아와 안정적인 관계를 형성할 때 교사는 교사의 가치관을 유아에게 전달하며, 어린이집에서의 활동에 적극적으로 참여하도록 이끈다(이진숙, 2001). 또한 교사가 유아와의 관계를 긍정적으로 인식하게 될 경우, 교사는 단지 주어진 교수활동을 수행하는 데 그치는 것이 아니라 적극적인 상호작용을 통해 유아의 성취를 위해 기꺼이 노력하며, 유아와의 관계를 편안하게 인식하여 심적 부담과 불편을 느끼지 않는다(안선희, 2013). 교사와 유아의 관계의 질은 일반적으로 친밀감

표 5-1 교사·유아관계 측정도구 문항의 예

번호	문항	①	②	③	④	⑤
1	이 아이는 도움이 필요해도 받아들이려 하지 않는다.					
2	칭찬해주면 배우 자랑스러워 한다.					
3	이 아이는 나와 잘 떨어지려고 하지 않는다.					
4	이 아이는 나에게 자신의 이야기를 자발적으로 하는 편이다.					
5	이 아이는 나에게 매우 의존적이다.					
6	이 아이는 나에게 화를 잘 낸다.					
7	이 아이는 나를 기쁘게 해주려고 노력한다.					
8	이 아이는 내가 부당하게 대한다고 생각한다.					
9	이 아이는 도움이 필요하지 않을 때에도 내 도움을 구한다.					
10	이 아이의 감정에 잘 공감된다.					
11	이 아이는 나를 벌을 주거나 비난하는 사람으로 여긴다.					
12	이 아이는 내가 다른 아이와 시간을 보내면 질투를 하거나 상처를 받는다.					

※ 응답기준 : ① 전혀 그렇지 않다 / ② 그렇지 않다 / ③ 보통이다 / ④ 그런 편이다 / ⑤ 매우 그렇다
※ 점수계산법 : 각 문항번호를 모두 더한 후 문항 수로 나누어 교사·유아 관계의 평균 점수를 냄

하위요인	문항 수	문항번호
친밀	4	2, 4, 7, 10
갈등	4	1, 6, 8, 11
의존	4	3, 5, 9, 12

출처 : 양다솜(2015).

closeness, 갈등conflict, 의존dependency으로 나누어 볼 수 있다(Birch & Ladd, 1997).

- 친밀감은 온정과 개방적인 의사소통이 이루어지는 것을 말한다. 교사와 유아 간의 친밀감은 어린이집 또는 유치원환경에서 유아의 정서적 지지 및 안정감과 같은 지지원의 기능을 하는데(Birch & Ladd, 1997), 교사와 유아가 친밀한 관계를 맺게 되면 유아는 교사와의 따뜻하고 애정적인 관계를 바탕으로 어린이집과 유치원 생활에 좀 더 적극적으로 참여하고 잘 적응할 수 있게 된다.
- 갈등은 교사와 유아 간의 조화로운 상호작용과 관계가 결여된 것을 의미한다. 이러한 갈등적 관계는 유아에게 스트레스로 작용하여 분노와 불안, 공포 반응

및 공격성 등의 문제행동을 발생시키며(구선라, 1999 ; 전경아, 2003), 어린이집을 불편한 곳으로 인식시킨다(안선희, 2013). 반대로 교사 역시 유아의 부정적인 행동이 증가할수록 스트레스를 받고 유아와 갈등적인 관계를 형성한다.

- 의존은 유아가 교사에게 지나치게 매달리거나 의존함을 의미한다. 적절히 의존하는 것은 자연스러운 일이며, 유아가 주변환경의 요구에 민감하고 다른 사람에게 강한 관심을 가지고 있는 것으로 이해할 수 있다. 또한 사회적 기술이 높고 감정조망수용능력이 높은 것으로 이해할 수 있다. 반면, 교사에게 지나치게 의존하는 유아는 수업에 참여하지 못하거나 수업태도가 불량할 수도 있으며, 결과적으로 추후 학교에 잘 적응하지 못할 가능성도 있는 것으로 보고되고 있다.

(2) 유아와의 관계 증진시키기

유아와 친밀한 관계를 형성하기 위해서 교사는 유아를 인격체로 존중해야 하며, 유아가 가지고 있는 능력과 가능성을 인정하고 발휘할 수 있도록 지지할 필요가 있다. 또한 교사와 유아는 서로를 상호존중하고, 서로 도움을 주고받는 의존적 관계임을 이해해야 한다. 성미영과 동료들(2015)은 교사가 유아와 친밀한 관계를 형성하기 위해서는 유아를 긍정적으로 수용하고, 공감적으로 이해하며 진실성을 가지고 대하고 교사 자신의 경험과 생각도 영유아에게 개방적으로 보여 주는 것이 필요하다고 하였다. 이러한 과정에서 교사와 유아는 서로를 신뢰할 수 있게 된다. 유아와 친밀한 관계를 맺기 위해서는 다음의 내용에 유념할 필요가 있다(성미영 외, 2015 ; Kostelick et al., 2009).

① 유아에게 즉각적이고 긍정적으로 반응한다

아이가 원하는 것이 무엇인지 잘 이해되지 않는다면 아이에게 다시 묻고 아이의 말과 행동에 주의를 기울여 살피며, 만일 아이의 요구를 즉각적으로 들어줄 수 없는 상황이라면 구체적으로 교사의 상황을 설명하고 아이의 양해를 구한다.

② 언어적 · 비언어적인 방법을 모두 사용하여 유아에게 존중을 표현한다

유아에게 상호작용할 때 가까이 다가가서 유아와 눈을 맞추며 바라보고, 영유아에 대한 존중을 부드러운 얼굴 표정, 몸짓과 말을 통해 표현한다. 또한 감정을 전달할 때는 의사소통의 모든 전달 통로를 일치시켜야 한다. 만일 기쁨을 표현할 경우, 얼굴 표정, 몸동작, 목소리로 표현한다.

③ 개별 영유아의 있는 그대로의 상태, 영유아의 생활과 삶, 서로 다른 차이점에 대해 존중한다

교사는 나이와 성과 능력에 상관 없이 유아를 한 인간으로 대해야 한다. 유아를 이해하고 실질적으로 돕기 위해 유아의 개성을 존중한다.

④ 교사 자신을 수용하고 존중한다

교사 자신의 잠재력과 한계, 장점과 단점, 밝은 면과 어두운 면, 능력과 무능력이 무엇인지를 객관적으로 이해하고, 자신을 있는 그대로 수용하며, 또한 자신을 있는 그대로 개방하는 훈련을 쌓아야 한다.

⑤ 교사의 한계점을 인정한다

교사는 교사 자신의 가치관이 주관적이라는 사실, 그리고 시간, 장소, 대상에 따라 자신의 가치관이 달라질 수 있음을 인정한다. 또한 교사가 자신의 한계점을 인정하며 모든 것을 받아들일 수 없다는 사실을 수용해야 할 필요가 있다. 만약 영유아가 가진 면을 수용할 수 없을 경우에는 그 점을 솔직하게 표현해야 한다.

(3) 유아와의 갈등관계 해결하기

보육교사는 어린이집에서 유아가 문제행동을 보일 때 문제해결자로서의 역할을 해야 한다. 문제 상황에서 보육교사는 해당문제를 여러 관점에서 파악하고 원인과 결과를 이해한 후 문제를 해결할 수 있는 다양한 대안들을 찾아 유아에게 제시해 주어야 하는데, 이때 교사는 문제행동을 판단함에 있어 먼저 누구의 문제인지를 확인해야 한다(박은혜 외, 2014).

문제의 원인에 따라 그림 5-2와 같이 유아의 문제행동을 지도할 수 있다(Fields & Fields, 2006). 유아에게 문제가 되는 행동의 원인을 찾을 때 가장 먼저 해야 할 일은 그 행동이 또래의 전형적인 행동인지 아닌지 자문해 보는 것이다. 만일 유아가

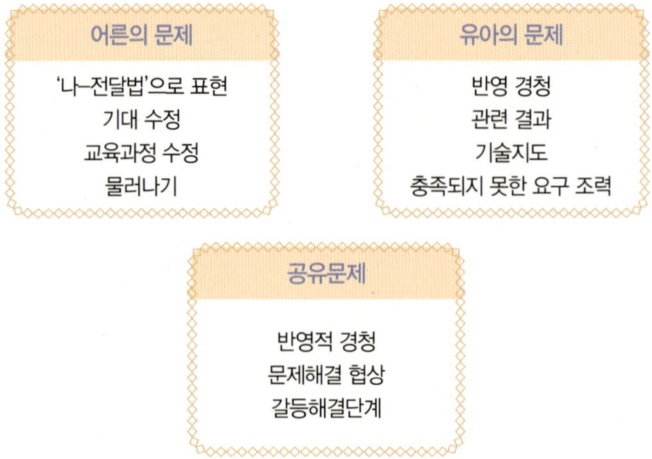

그림 5-1 누구의 문제인가

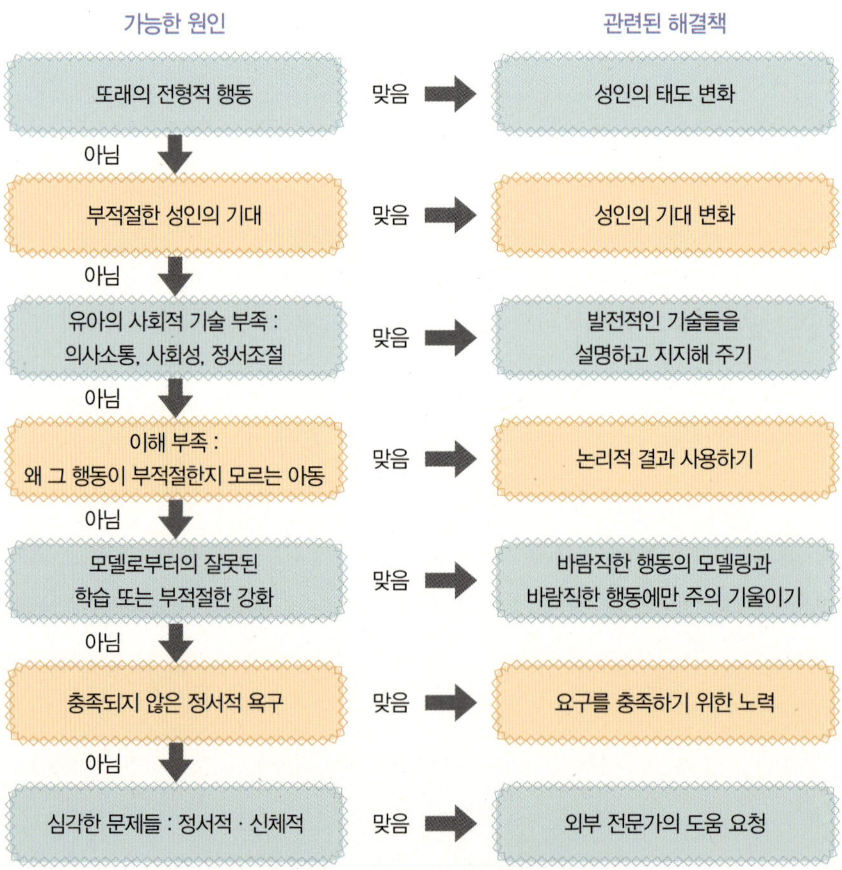

그림 5-2 문제 원인에 따른 해결책의 탐구

그 연령의 특징적인 행동을 하는데도 교사가 문제행동이라고 여긴다면, 문제의 원인은 교사에게 있고 변해야 하는 쪽은 교사이다. 예를 들어, 궁금한 점을 끊임없이 질문하고 확인해야 하는 시기의 유아에게 선생님의 말을 조용히 듣기만 하라는 것

더 알아보기

교사와 영유아 간 효율적인 대화 전략

*** 반영적 경청하기**

영유아가 교사와 또래와의 갈등을 일으킬 때에도 상호작용의 시작은 반영적 경청이다. 영유아가 어떤 표현이나 말을 할 때 가만히 귀 기울여 듣는 것은 대화의 기본적인 태도이다. 그러므로 교사는 영유아의 말이나 표현에 '그렇구나', '으응' 등과 같은 언어적 표현이나 미소 짓기, 고개 끄덕이기와 같은 비언어적 표현을 통해 영유아의 말을 귀기울여 듣고 있음을 알려주도록 한다.

*** 적극적 경청하기**

때로 단순한 경청이나 듣고 있다는 표시만으로 영유아는 아직 자기가 이해받지 못했다고 생각하기도 하므로 유아가 표현한 감정과 태도를 다른 말로 표현해 주는 것을 뜻한다. 영유아의 말에서 직접 표현되지는 않았지만 행동, 표정, 또는 말 뒤에 깔려 있는 감정을 되받아 표현해 주는 것으로 영유아의 동기, 희망, 욕구를 읽어주고 받아준다. 예를 들어, "선생님이 먼저 책을 주기를 기다렸구나. 알았으면 더 일찍 주었을 텐데."라고 영유아의 마음을 읽어준다.

*** 나-전달법 활용하기**

교사가 영유아에게 무엇이 문제이고 그 문제 때문에 어떤 결과가 생기는지에 대해 영유아를 비난하지 않으면서도 정확하게 전달해야 할 때 가장 효과적인 방법이다. 나-전달법을 통해서 영유아의 문제행동에 대해 비판이나 비난 없이 서술한다. 영유아의 문제행동이나 이로 인한 구체적인 영향에 대한 교사의 감정이나 느낌을 서술한다.

나-전달법의 형식은 다음과 같다.

- 유아의 행동 : ~ 하면
- 교사의 느낌 : ~ 라고 느낀다.
- 유아의 행동의 결과 : 왜냐하면 ~ 하기 때문이다.

예 연우가 계속 울기만 하면, 선생님이 너무 속상해. 선생님이 무엇을 어떻게 도와줘야 할지 모르기 때문이야.

출처 : 이영훈, 주연희, 김성수(2013).

은 교사의 요구 자체에 문제가 있는 것이다. 교사가 발달상의 일임을 인정하고 수용적인 태도로 변화하면 문제행동 자체가 성립되지 않는다.

또한 교사의 부적절한 기대가 문제를 일으키는지 알아보아야 한다. 부적절한 활동이나 환경이 문제를 일으키는 경우나, 유아의 기질을 고려하지 않는 일방적인 기대가 문제행동을 유발한다면 교사의 기대를 변화시켜야 한다. 예를 들어, 이야기 나누기를 1시간 이상 진행하면서 유아가 떠들지 않고 움직이지 않으면서 집중하기를 원한다면 이는 교사의 기대 자체가 부적절한 것이다(박은혜 외, 2014).

이와 같이 교사는 문제를 해결함에 있어 유아의 행동이 발달적 특성인지 혹은 교사 자신의 잘못된 기대로 인한 것이 아닌지 반추해 보아야 한다. 이는 문제의 원인이 유아에게 있는 것이 아니라 교사에게 있는 것으로 교사는 자신의 태도 및 교육방법의 수정을 통해 유아의 행동을 변화시킬 수 있다. 그러므로 교사는 영유아의 발달특성, 기질이나 장애 등의 개별적 특성을 파악하고 이에 적합한 개별적 교수활동을 실시할 필요가 있다. 교사가 유아의 발달적 특성을 이해하지 못하거나, 부적절한 기대를 갖고 유아와 상호작용을 시도할 경우 유아와 갈등적인 관계를 형성하게 된다.

2. 교직원과의 관계

보육교직원은 어린이집 영유아의 보육, 건강관리 및 보호자와의 상담, 그밖에 어린이집의 관리운영 등의 업무를 담당하는 자로서 어린이집의 원장 및 보육교사를 비롯하여 사무교사, 취사부, 관리인, 위생원 등 어린이집에서 영유아를 위해 활동하는 모든 사람을 뜻한다「영유아보육법」 제1장 제2조.

어린이집은 그 특성상 근무시간이 길어 보육교직원 간의 상호작용이 빈번하며 상호작용의 영향력이 매우 강하다. 보육교직원 간의 원만한 관계는 기관의 분위기를 부드럽게 하며 교육의 질에도 긍정적인 영향을 미치지만 갈등이 발생할 경우, 교사의 스트레스를 유발시키고 근무만족도를 저해하여 이직의 원인이 되기도 한다. 그러므로 교사는 동료 교직원과의 원만한 관계 형성을 위해 노력해야 한다.

1) 동료교사와의 관계

(1) 관계의 특성

보육교사의 동료교사와의 관계의 특성은 다음과 같이 정리해 볼 수 있다(박선혜, 김미정, 2015 ; 성미영 외, 2015).

① 전문가로서 서로 돕는 관계

보육교사는 자신의 교육철학을 가지고 반을 운영하는 전문가이다. 그러므로 보육교사는 동료교사와 상호 간의 지식과 능력에 대해 존중하며, 가치관과 교수, 학습에 대해 전문가로서 서로 돕는 관계를 형성한다. 보육교사는 동료교사와 교육활동 및 계획, 실행 및 평가에 대한 의견을 나누는 과정을 통해 새로운 지식이나 정보를 얻으며, 발생 가능한 문제를 예방하고 발생한 문제를 해결하는 지혜를 모으기도 한다. 또한 동료장학, 멘토링, 교사 워크숍 등으로 전문성 향상을 위해 서로 돕고 협조한다.

② 공동으로 작업하는 관계

어린이집에서는 담임교사로서의 업무 이외에 지역사회방문, 야외학습, 다양한 행사 등으로 공동업무가 많다. 어린이집에서는 이러한 업무들을 업무분장을 통해 개별 교사들에게 책임을 분산하여 처리한다. 교사들 간 공동업무가 많을 때 어려운 문제를 솔선하여 도와주고 서로의 고충을 들어주며 이해하는 동료관계가 형성될 경우 어린이집의 분위기는 부드러워지지만 자신의 책임을 다하지 않는 교사가 있을 경우 동료교사에게 피해를 주기도 한다.

③ 선 · 후배교사관계

교사들 간 보육교사 경력에 따라 위계도 발생한다. 경력교사와 초임교사는 경력에 따라 위계적인 특성도 지니므로 경직된 의사소통으로 인한 갈등이 발생하기도 한다. 이러한 부정적 관계를 형성하지 않기 위해서 후배교사는 선배교사의 현장 경험과 지식을 인정하고 존중하는 태도가 필요하며, 선배교사는 후배교사의 패기와 학교에서 배운 것을 현장에 적용해 나가는 과정을 격려하며 잘 이끌어 나갈 수 있어야 한다.

(2) 동료교사와의 관계 증진시키기

보육교사는 동료와의 관계에 있어 협력적이고 동반자적인 자세를 취함으로써 교사 간 긴밀한 관계를 형성하며, 이를 통해 학급운영이나 교실 내에서 발생하는 문제에 대한 지식과 정보를 교류함으로써 교육의 질적 향상을 도모할 수 있다. 동료들과의 협력적 관계, 동반자적 관계를 형성하기 위해서 교사는 다음과 같은 자세를 취해야 한다(박선해, 김미정, 2015).

① 업무에 대한 적극적인 태도 취하기

교사는 기관에서 업무를 처리하는 것에서부터 문제 상황에 대처하는 반응방식, 학부모와의 관계 형성 등 모든 면에서 주인의식을 가지고 적극적인 태도를 취해야 한다. 간혹 원장이나 선임교사가 있을 때와 없을 때의 업무처리방식이 달라지는 교사가 있는데, 이는 바람직한 자세가 아니다. 또한 행사, 소풍 등 교사들이 함께 계획하고 준비해야 하는 공동 일에 대해서도 적극적인 관심으로 참여하며, 만일 자신의 업무가 아닌 일을 담당하게 되더라도 공동의 책임을 지는 자세로 임하도록 한다.

② 상호 존중하는 자세 갖기

교사는 자신만의 특성을 가지고 있으며, 각자에게 적합한 교수방법이나 업무처리방식에서 차이를 가진다. 교사는 교사 개인의 고유업무 및 업무처리방식과 그의 인격에 대한 존중을 바탕으로 서로 협력해야 한다. 또한 서로의 장점을 인정하고 전문적인 윤리의식에 근거하여 동료와 관계를 맺어야 한다. 만일 원장이나 주임교사 등 상사와의 의견이 상충할 때에는 바로 반대 의견을 제시하지 않고 먼저 실행해 본 후 의견을 제시한다. 실행해 본 후 무엇이 문제였는지 의견을 제안한다면 상사의 입장에서도 그 교사의 업무처리방식을 존중해주는 신뢰관계가 형성될 수 있다.

③ 적극적이며 개방적인 태도로 의사소통하기

교사는 어린이집에서의 회의, 모임에서 의견이 있을 때 적극적이며 개방적인 태도로 의사소통하도록 노력하여야 한다. 이때 자신의 의견이 상대방과 다를 때에는 상대의 인성과 가치관에 반하는 것이 아닌 근거를 가지고 의견을 제시하는 것임을 분명히 한다. 다른 교사가 자신의 의견과 다른 의견을 제시하였을 때에도 의견을 수

렴하는 태도로 임하도록 한다. 만일 실수를 하였을 때는 실수를 숨기고 혼자 해결하려 하지 말고 도움을 청함으로써 기관에서 협력하여 공동으로 함께 처리하는 것이 바람직하다. 기관의 차원에서 문제를 협력하여 해결함으로써 같은 실수의 반복을 줄이고 기관에도 바람직한 방향으로 해결할 수 있다.

④ 동료들과 다양한 경험 쌓기

어린이집에서 새롭게 해결해야 하는 과제에 교사들의 공유된 문제가 있다면 동료 코칭, 동료 멘토링 등을 통해 새로운 아이디어와 해결책을 함께 찾는 경험을 가질 수 있다. 이때 동료교사가 자신에게 도움이 되었던 방법이나 사례를 이야기하는 방법을 통해 서로 도움을 줄 수 있다. 나아가 지역별로 운영되는 학습공동체에 참여하여 지식을 넓힌다.

또한 업무 외의 영역에서 동료들과 함께 즐거운 경험을 공유할 수 있는 기회를 정기적으로 갖는 것도 좋다. 볼링, 댄스, 봉사 등 함께 할 수 있는 주제를 찾아 함께 함으로써 동료들 간 친밀감을 돈독히 하며 동료교사의 개인적 특성에 대해서도 알아본다.

⑤ 동료교사와의 갈등을 건설적으로 해결하기

동료교사와 불편한 관계가 발생하였다면 동료교사와의 문제를 너무 오랫동안 방치하지 않고 건설적으로 해결하도록 노력한다. 이때 반성적 사고를 통해 자신의 경험에 대해 반추하고 평가하여 문제 상황에 대해 이유와 원인을 분석해 본다. 생각이 정리되면 동료교사와 조용히 이야기할 수 있는 시간과 장소를 만들어 이야기한다. 이를 위해 나-전달법 등 의사소통기술을 사용하여 동료교사의 행동이나 태도가 자신에게 어떤 느낌이 들었는지 설명하고 서로에게 지켜주었으면 하는 한계나 범위를 최대한 객관적으로 제시한다.

더 알아보기

교사의 성격 유형과 보육 운영과의 관계

MBTI는 융(C. G. Jung)의 심리유형론을 근거로 하여 브리그(Katherine Cook Brigg)와 마이어스(Isabel Griggs Myers)가 고안한 자기보고식 성격 유형 선호지표이다.

융에 의하면 성격이란 인간이 가지고 태어난 선천적인 선호경향과 환경의 여러 자극들이 상호작용하여 형성된 것이다. MBTI는 외향-내향, 감각-직관, 사고-감정, 판단-인식, 네 가지의 기본적인 선호경향을 구분하였고, 어떤 기능을 주로 사용하고 어떤 태도를 선호하느냐에 따라 16가지 성격 유형으로 나뉜다. 외향성과 내향성의 지표는 개인의 주의집중과 에너지의 방향이 인간의 외부로 향하는지 내부로 향하는지를 나타내는 지표이다. 감각형과 직관형의 지표는 정보를 인식하는 방식에서의 경향성을 반영한다. 사고와 감정기능은 인식된 정보를 가지고 판단을 내릴 때 쓰는 기능이다. 판단과 인식은 외부세계에 대한 태도나 적응에 있어서 어떤 과정을 선호하는가를 말한다.

MBTI 검사는 자신의 성격 유형과 특성을 이해하고 타고난 성격적 잠재력을 알게 하여 자기이해와 수용에 도움을 주고자 하는 검사이다. 교사 역시 인간으로서 자신의 성격에 따라 역할수행, 직업적 문제에 대한 인식이나 스트레스관리, 갈등관리기법 등에 차이가 나는 것으로 나타나고 있다(김선영, 이지영, 2004 ; 백은영, 2004 ; 이현정, 2006 ; 황정현, 2008). 예를 들면, 내향형이 외향형보다 업무과다에서, 사고형이 감정형보다 불화와 갈등에서 스트레스를 더 많이 경험하는 것으로 나타났다. 또한 내향형이 불화와 갈등, 학급관리에서 더 많은 스트레스를 경험하며, 사고형이 낮은 대우로 인한 스트레스를 더 많이 경험하는 것으로 나타났다. 외향형 성격을 가진 교사는 적극적인 스트레스 대처방식을 사용하나 내향형 성격을 가진 교사는 정서완화 중심의 스트레스 대처를 사용하며, 직관적 유형은 문제 중심으로 대처하며(황정현, 2008), NJ 유형은 갈등관리 측면에서 타협적인 측면을 더 선호하는 것으로 나타났다(백은영, 2004).

또한 교사의 성격에 따라 유아의 기질적 특성의 선호에도 차이가 나타나는데, SP 유형의 교사는 수줍고 미소/웃음이 높은 유아에게 친밀감을 더 많이 느끼고 NT 유형의 교사는 억제력이 높은 유아에게 친밀감을 더 느끼며, SJ 유형의 교사는 활동수준, 강한 자극 추구, 충동, 미소/웃음이 높은 유아에게 더 많은 갈등을 느끼지만 주의통제, 억제, 슬픔의 기질이 낮은 유아에게 갈등을 더 느끼고, NF 유형의 교사는 주의통제, 충동, 억제, 슬픔의 기질이 낮은 유아에게 갈등을 더 느끼는 것으로 나타났다.

따라서 교사는 자신의 성격 유형과 동료 교사의 성격을 잘 이해하여 조화롭고 협동적인 관계를 유지하도록 노력할 필요가 있으며, 혹, 유아와 갈등이 발생할 시 자신의 성격으로 인하여 유아의 행동을 잘못 인식하지는 않았는지 숙고하여 문제를 해결할 필요가 있다.

성격 유형의 4가지 선호경향의 특징

외향(Extraversion : E)	↔	내향(Introversion : I)
주의집중 – 자기 외부 외부활동과 적극성 폭넓은 대인관계(다수) 말로 표현 소모에 의한 에너지 충전 사교성, 인사 정열적, 활동적 경험한 다음에 이해	↔	주의집중 – 자기 내부 내부활동과 집중력 깊이 있는 인간관계(소수) 글로 표현 비축에 의한 에너지 충전 자기 공간 조용하고 신중 이해한 다음 경험

감각(Sensing : S)	↔	직관(intuition : N)
주의초점 – 지금, 현재 실제의 경험 사실적이고 구체적 현실 수용 일 처리 정확, 철저 일관성과 일상성 사실적 사건 묘사 관례에 따르는 경향	↔	주의 초점 – 미래, 가능성 아이디어 상상적이고 영감적 미래 지향 일처리 – 신속 비약 변화와 가능성 비유적, 암시적 묘사 새로운 시도 경향

사고(Thinking : T)	↔	감정(Feeling : F)
객관적 진실 원리와 원칙 간단 명료한 설명 자책 논평을 선호 객관적 판단 원인과 결과가 중요 규범과 기준을 중시	↔	관심의 주체 – 사람, 관계 보편적인 선 의미와 영향 상황적/포괄적 주관적 판단 좋다, 나쁘다가 중요 나에게 주는 의미

판단(Judging : J)	인식(Perceiving : P)
체계적	자율적
정리정돈과 계획	상황에 맞추는 개방성
의지적 추진	이해로 수용
신속한 결론	유유자적한 과정
통제와 조정	융통과 적용
분명한 목적의식	목적과 방향의 변화
분명한 방향 감각	환경에 따른 변화
뚜렷한 기준과 자기 의사	결론보다는 과정을 즐김

(3) 동료교사와의 갈등관리하기

보육현장에서 일어나는 다양한 문제를 해결하기 위해서는 보육교직원 간의 조화롭고 협력적인 관계가 요구된다. 그러나 실제로는 교사들 간의 교육관, 가치관의 차이, 태도나 인식의 차이 등으로 수많은 갈등이 계속 일어나고 있다. 또한 업무의 분화 및 전문화에 따라 개인주의가 확대되고 있으며, 개인적인 이해관계, 의사소통 부족, 상호기대의 차이 등으로 갈등이 발생한다. 박은혜(2011)는 갈등이 발생하는 원인을 표 5-2와 같이 제시하고 있다.

갈등에 대해 교사들이 서로에 대한 비난, 승부의식, 과도한 경쟁, 권력 유지를 위한 힘겨루기 등으로 대응하다 보면 구성원들 간에는 긴장과 불만이 유발된다. 교사들 간의 갈등은 개인의 문제로 그치지 않고 조직문화 및 교육목표를 달성하는 데도 부정적인 영향을 미치므로 갈등을 해결하기 위한 현명한 자세가 요구된다. 대부분의 사람들은 모든 갈등 상황에 있어 갈등의 속성과 상관없이 일정하게 반응하는 경향이 있으므로, 자신과 타인의 갈등관리특성을 알아보는 것은 업무의 효율과 동료와의 조화로운 관계를 형성하는 데 도움이 될 수 있다. 또한 상황과 대상에 따라 보육교직원은 갈등관리특성을 다르게 선택할 수 있다. 갈등관리특성은 다음과 같이 나누어볼 수 있다(Rahim, 1983).

표 5-2 갈등의 원인

범주	내용
모호한 권한	책임과 권한이 분명하게 정해지지 않으면 갈등이 발생할 가능성이 높다.
이해관계의 갈등	부족한 자원이나 보수에 대한 경쟁은 갈등을 일으킬 가능성이 높다.
의사소통장애	부족한 의사소통, 오해한 용어, 마지못해 다른 사람의 말을 듣는 것 등은 갈등을 일으킬 가능성이 높다.
상대방에 대한 지나친 의존	만약 누군가가 지나치게 다른 사람의 정보나 도움에 의지한다면, 갈등이 발생할 가능성이 높다.
조직 내에서의 분화	집단 내의 분화의 정도(예 : 권위의 수준, 특정 작업의 유형과 숫자)가 클수록, 갈등이 일어날 가능성이 높다.
접촉의 기회	의사결정과정에서 비공식적으로 개인들이 상호작용을 많이 할수록 갈등이 일어날 가능성이 높다.
협의에 대한 요구	모든 사람들이 결과에 대해 합의해야만 할 때 갈등이 일어날 가능성이 높다.
행동 규제	규칙, 규정, 공식적 정책과 같은 통제가 있을 때, 갈등이 일어날 가능성이 높다.
해결되지 않은 과거의 갈등들	과거에 해결되지 않은 갈등이 많을수록 새로운 갈등이 발생할 가능성이 높다.

출처 : 박은혜(2011).

① 통합형

통합형은 갈등 상황에서 문제를 정확하게 파악하고 종합적인 대안을 제안하여 공동선의 입장에서 갈등을 관리하고자 하는 특성으로, 문제의 본질을 집중적이고 정확하게 파악하며 문제해결을 위한 종합적인 대안을 도출해내고자 노력한다. 통합적인 특성은 문제의 취지가 불명확하거나 복잡할 경우는 적합하나, 상반된 가치관으로 인해 발달되는 갈등에 대한 관리 전략으로는 부적합하다.

② 배려형

배려형은 갈등 상황에서 타인의 관심 부분을 충족시키기 위해서 자신의 관심 부분을 양보하여 원만한 인간관계를 유지하고자 하는 특성으로, 배려를 해준 후 무엇인가를 보답받을 수 있을 때는 매우 적절하다. 그러나 복잡하거나 악화된 문제에 있어서는 부적합하다.

③ 지배형

지배형은 갈등 상황에서 자신이 선호하는 해결책을 강요하며 상대방에게 양보를 요구하는 특성으로, 지배적인 특성을 공식적인 권위를 사용하여 복종을 유도하기 때문에 강압형이라고 불리는데, 받아들이기 싫은 해결책이 제시될 때 주로 쓰인다.

④ 회피형

회피형은 갈등 상황에서 의견 불일치와 좌절을 공개적으로 표현하지 않거나 문제를 회피하여 갈등 상황을 뒤로 미루는 특성을 말한다. 문제가 사소한 것이거나 피하는 것이 오히려 이익이 될 경우에 적합한 대안으로 회피는 어려운 문제를 접했을 때 일어나는 자연스러운 반응이다.

⑤ 타협형

타협형은 양측이 상호 수용할 수 있는 결정을 하기 위해 상호 양보를 하거나 재빨리 중도적 방안을 찾고자 하는 특성으로, 양측이 조금씩 양보하면서 서로 부분적 이익을 취하는 갈등관리특성을 의미한다. 타협적인 특성을 나타내는 사람은 서로의 입장을 양보하고 외부나 제삼자의 개입, 협상 또는 표결의 방법을 동원한다.

어린이집에서 교사 간 갈등이 발생하였을 경우, 교사 개인이 적극적으로 갈등을 해결하도록 노력하여야 한다. 그러나 주임 교사가 교사 간 갈등을 중재하는 경우도 발생하는데, 이때 주임교사는 갈등 당사자들을 따로 만나 문제의 원인을 파악하고 각자의 의견을 들어본 후 해결방안을 모색하는 통합형 혹은 타협형의 갈등관리방식을 택할 수 있다. 반면, 문제가 심각하거나 원아들의 안전에 관한 문제, 원의 분위기가 좌지우지될 경우 원장이 지배형을 선택하여 상대방을 압도하여 의견을 관철시키기도 한다. 또한 교사의 처우 및 건강과 관련된 문제일 경우 원장과 교사가 서로 상대방의 입장을 먼저 고려하여 배려형으로 갈등을 해결하기도 한다.

표 5-3 갈등관리특성 측정도구 문항의 예

번호	문항	①	②	③	④	⑤
1	나는 동료와 의견 차이가 생기면, 동료와 함께 문제 해결방법을 모색한다.					
2	나는 동료가 필요로 하는 것을 잘 제공한다.					
3	나는 동료와 갈등 상황에 처하면, 그 상황에서 곧바로 빠져나와 갈등요인에 대해서 언급하지 않는다.					

번호	문항	①	②	③	④	⑤
4	나는 동료와 의견 차이가 생기면, 동료의 의견을 수렴하여 통합적으로 해결하고자 한다.					
5	나는 동료와 의견 차이가 생길 때, 만족스러운 해결책을 찾기 위해 동료와 협의하고자 한다.					
6	나는 동료와 의견 차이가 있을 때, 솔직한 이야기는 하지 않으려 한다.					
7	나는 어려움을 해결하기 위해 중간적 입장을 취하려 노력한다.					
8	나는 내가 제시한 해결방안이 받아들여지도록 끝까지 노력한다.					
9	나는 재량권을 이용해서 내가 제시한 문제해결방안이 선택되도록 한다.					
10	나는 동료의 부탁을 잘 들어준다.					
11	나는 갈등 상황이 발생하면 문제에 대해서 동료와 서로 정보를 교환한다.					
12	나는 동료에게 양보를 잘한다.					
13	나는 갈등 상황을 해결하기 위해 중도적 방안을 제안한다.					
14	나는 동료와 협상하여 타협안을 이끌어 낸다.					
15	나는 동료와 의견 차이가 생기면 참으려고 한다.					
16	나는 동료와 충돌하지 않으려고 노력한다.					
17	나는 전문가의 견해를 인용하여 내가 제시한 해결책이 받아들여지도록 노력한다.					
18	나는 동료의 제안에 잘 따른다.					
19	나는 주고받기(give and take) 방식을 사용하여 타협안을 찾는다.					
20	나는 확고하게 나의 주장을 관철시키는 편이다.					

※ 응답기준 : ① 전혀 그렇지 않다 / ② 그렇지 않다 / ③ 보통이다 / ④ 그런 편이다 / ⑤ 매우 그렇다
※ 점수계산법 : 각 문항번호를 모두 더한 후 문항 수로 나누어 갈등관리특성의 평균 점수를 냄

갈등관리특성	문항 번호	문항 수
통합형	1, 4, 5, 11	4
배려형	2, 10, 12, 18	4
지배형	8, 9, 17, 20	4
회피형	3, 6, 15, 16	4
타협형	7, 13, 14, 19	4
계		20

출처 : 백은영(2004).

2) 원장과의 관계

(1) 관계의 특성

어린이집의 원장은 어린이집을 총괄하고 보육교사와 그 밖의 직원을 지도 감독하며 영유아를 보육한다「영유아보육법」 제3장 제18조. 어린이집에서 보육교사와 원장의 관계는 수직적인 관계이다. 그러므로 원장의 태도와 리더십은 교사의 직무 만족도나 심리적인 안정감에 중요한 영향을 미친다. 원장이 인간적이며 구체적 목표를 제시하고 지향할 경우 교사는 심리적으로 안정감을 느끼게 된다(전선영, 최혜순, 2013). 또한 원장의 리더십을 믿고 따르는 교사는 효능감이 높으며, 직무에 대한 만족도도 높다(박현옥, 2016). 그리고 교사는 원장의 지지와 격려를 통해 사기가 진작되며 교수능력도 향상된다(김희태, 2004).

따라서 어린이집의 원장은 보육교직원들의 인격을 존중하고 각자의 능력을 인정하되, 매사에 솔선수범하는 태도를 보여야 한다. 반면, 교사는 주어진 역할에 최선을 다하고, 원장의 철학과 운영방침에 맞추어 교육을 실시하여야 한다.

(2) 원장과의 관계 증진시키기

원장과 원만한 관계를 맺기 위해서는 다음의 사항에 유념할 필요가 있다(이순형 외, 2015 ; 임승렬 외, 2014).

① 원장의 교육철학과 신념을 이해하고 수용하기

보육교사는 원장의 교육철학과 신념을 이해하고 수용해야 한다. 원장의 교육철학과 신념은 어린이집의 크고 작은 의사결정의 기초가 되며, 교사의 직무 수행에도 영향을 미친다. 그러므로 교사는 채용과정에서 기관의 운영방침 및 원장의 교육철학과 자신의 철학이 상충되지 않는지 확인할 필요가 있다. 취업 후 원장의 교육철학과 보육교사 본인의 교육철학이 일치하지 않는 경우라 하더라도 취업한 이상 원장의 방침에 정면으로 반대하는 것은 어린이집 생활을 하는 데도 도움이 되지 않으므로 원장의 철학과 신념을 이해하고 수용하도록 노력한다.

② 적극적이며 개방적인 태도로 의사소통하기

보육교사는 원장과 적극적이며 개방적인 태도로 의사소통하여야 한다. 교사는 어린이집 운영에 대한 의견이 있다면 정기적인 회의시간에 개방적으로 의견을 이야기하고 협의에 참여하는 것이 좋다. 해결해야 할 안건이 있다면 적극적인 해결 의지와 함께 사전에 준비를 철저히 하여 동료 및 원장과 생각을 교환할 수 있도록 준비한다. 또한 업무와 관련되어 기본적인 업무 및 학부모와의 관계나 영유아와의 관계에서 일어난 일상적이지 않은 일에 대해서는 별도로 원장에게 보고한다. 만일 원장에게 개인적으로 해야 하는 불편한 이야기가 있다면 개인적인 면담을 청하여 해결방안을 찾도록 노력한다.

③ 상사로서 존중하고 상대의 입장이 되어 보기

보육교사와 원장은 수직적인 관계로서 지나치게 친밀감을 표현하거나 반대로 개인적인 접촉이 전혀 없이 지내는 사이가 아닌 예절을 지키는 선에서 긍정적이고 협력적인 관계를 유지하는 것이 중요하다. 만약 원장의 방침이나 의견에 이의가 있는 경우, 동료 교직원과의 의사소통을 통해 원장의 방침을 이해해 보도록 노력해 보며, 자신의 생각이 어린이집 전체의 이익을 위해 도움이 되는 내용인지를 먼저 파악한 후 교사로서 본분과 위치를 잊지 않는 선에서 최대한 예의 바른 태도로 의견을 전달하도록 한다.

3. 학부모와의 관계

다양한 사회적 변화로 인하여 영유아가 일찍부터 보육기관에서 보내는 시간이 많아졌다는 점에서, 보육교사는 이들의 균형 있는 성장 및 발달을 이끌어 주는 보육서비스의 중추적인 역할을 하는 중요한 인적자원이라 할 수 있다. 특히, 교사와 부모는 영유아에게 많은 영향을 미치는 가정과 가정 외 환경으로서 매우 중요한 영향력을 고려할 때, 두 환경 간에 일관성 있는 돌봄과 교육을 증진시킬 필요가 있다. 따라서 교사와 부모, 그리고 보육기관과 가정의 유기적인 협력은 영유아의 건강한 발달을 이끌어 내고, 다양한 발달상의 문제행동을 예방 및 치료하기 위해서도 매우 중요하다고 볼 수 있다.

1) 부모와의 관계

영유아기는 전생애발달적 관점에서 신체, 인지 및 정서사회성발달의 결정적 시기로, 부모의 관심과 사랑이 매우 중요하다고 볼 수 있다. 따라서 영유아가 보육기관에서 보내는 동안의 다양한 경험에 대해 부모는 늘 관심을 가져야 하고, 가정과 보육기관에서의 일관성 있는 양육 및 보육을 위해서도 부모와 교사는 협력적인 관계를 유지할 필요가 있다. 교사와 부모 둘 간의 상호협력이 매우 중요하기에, 보육기관에서는 정기적 또는 상시적으로 부모상담이 이루어지고 있다.

보통 부모상담은 주로 가정에서 영유아가 보이는 문제행동에 대한 고민 때문에 부모 스스로가 상담을 받고 싶어 하는 경우와 교사가 영유아의 문제행동과 관련하여 부모에게 이를 알리고자 상담하는 형태로 나누어 볼 수 있다. 그러나 교사가 영유아의 문제행동을 부모에게 전달하는 과정에서 서로의 관점의 차이나 부모 입장에서 왜곡되게 해석하는 경우가 있어(Venn, 2000), 부모와 교사 간의 관계에서 부적절한 경험을 하기도 한다. 또한 부모가 교사에게 상담을 요청한 경우에도 영유아에 대한 이해나 문제행동에 대한 해결책을 제시하는 과정에서, 교사 자신의 면담기술과 지식의 부족으로 부모상담에 대한 부담감을 호소하고 있다(배지희, 이윤영, 조연경, 2013). 구체적으로는 교육기관에서 관련 지식을 배웠다 할지라도 실제 현장에서 적용할 수 있는 능력이 부족하거나(이영희, 안현미, 1997), 영유아의 문제행동과 관련하여 부모상담을 하면서 교사를 힘들게 하는 부모와의 갈등, 상담방법에 대한 지식과 기술부족 그리고 부모들의 성향 차이로 어려움을 경험하고 있다(배지희, 이윤영, 조연경, 2013). 이는 초임교사만의 문제가 아닌 경력이 많은 보육교사들의 경우도 부모상담이나 면담과정에서 부모교육에 관한 지식과 기술이 부족함을 겪고 있는 것으로 나타났다(강현경, 조형숙, 2011). 그럼에도 보육기관을 보내는 부모들은 영유아의 발달을 촉진시키기 위해 영유아에 대한 올바른 이해, 균형 잡힌 신체, 인지, 사회성발달, 생활습관지도 및 문제행동지도에 대한 내용 등을 알고자 하였고, 특히 영유아와 함께 많은 시간을 보내는 원장이나 교사들과 의견을 교환하기를 원하는 것으로 나타났다(김종한, 2011 ; 유지민, 1999).

이상과 같이 부모는 자녀의 발달이나 다양한 문제행동에 대한 정보를 교사와 교환하기를 원한다는 점에서, 교사는 부모상담을 위한 적극적인 노력을 할 필요가 있으며 다양한 문제 상황에 대한 전문가적 태도, 지식과 기술을 함양할 필요가 있다.

2) 효과적인 부모상담

자녀를 보육기관에 보내는 부모와 교사 간에는 영유아가 보이는 행동에 있어, 서로 간에 견해 차이가 있을 수 있다. 한 예로, 영유아의 바람직하지 않은 행동에 대해 부모는 그 연령에 그럴 수도 있다는 입장을 취했고, 교사는 또래와 비교했을 때 영유아가 보인 행동을 그냥 지나치기는 어려워 벌을 줄 수밖에 없었다는 것이다. 이러한 견해의 차이는 교사가 준비한 보다 체계화된 관찰자료를 바탕으로 한 상담을 통해 좁혀갈 수 있으며, 이러한 과정을 통해 결과적으로 영유아의 전인적인 발달을 기대할 수 있게 된다. 중요한 것은 이 시기에 영유아는 자신이 살아가는 주 환경인 가정과 보육현장의 경험을 통해 세상에 대한 기본적인 규칙감을 형성해간다는 점이다. 두 환경에서 받는 비일관적인 메시지는 영유아에게 혼란과 불안을 가중하여 결과적으로 행동상의 문제로까지 표출될 수 있음을 잊지 말아야 할 것이다. 따라서 영유아를 돌보는 교사로서 부모를 상담할 때 도움이 될 수 있는 기본적인 자세와 효과적인 상담기법에 대해 살펴보고자 한다.

(1) 교사의 자세

교사로부터 부모에 대한 존중감이 전달될 때, 부모는 보다 상담에 적극적이고 수용적인 자세를 취하게 되며, 교사에 대한 신뢰감을 바탕으로 교사의 지도에 더욱 협조적인 태도를 보이게 된다. 이러한 행동은 교사에 대한 존경심과 연결되어, 궁극적으로는 상호존중적인 교사–부모관계를 형성할 수 있다.

① 기본자세

교사는 부모와의 효과적인 상담을 위해 자녀에 대해 상담을 받으러 오는 부모의 입장에 대해 알아둘 필요가 있다. 부모들은 대개 정기적인 면담이나 부모의 혹은 교사의 요구로 인해 상담을 하게 된다. 영유아에 대한 교사나 부모의 입장에 따라 상담의 내용에서 차이가 날 수 있다. 부모나 교사 모두 영유아의 성장이 원만하다고 생각한다면 상담은 무리 없이 끝날 것이다. 또한 영유아에 대한 상담을 해야 할 만한 문제가 보여도 교사와 부모의 견해가 일치할 경우, 공감대가 형성되어 부모와 교사는 협조적인 관계를 형성해 나갈 수 있다. 그러나 영유아의 문제행동에 대한 교사나 부모의 견해에 차이가 있을 경우, 우선 교사는 부모의 생각을 잘 들어주어야 한다. 아무리 영유아를 돕고 싶어도 부모가 거부하면 그렇게 할 수 없기 때문이다. 따라서 유능한 교사는 먼저 부모가 자녀의 문제를 어느 정도는 알고 걱정을 하지만, 다른 한편으로는 인정하고 싶지 않은 이중적인 마음이 있음을 이해할 수 있어야 한다. 이후 부모의 생각을 주의 깊게 듣고 염려되는 점을 공감한 이후에 보다 전문적인 입장에서 이야기를 이끌어 나가야 할 것이다.

교사가 명심해야 할 점은 부모와의 좋은 신뢰관계를 통해 영유아의 문제를 해결해 나갈 수 있다는 것이다. 따라서 교사는 초기에 부모를 상담할 경우 이러한 마음을 이해하고 공감하는 것이 무엇보다 중요하다고 할 수 있다.

② 상담 요청에 따른 교사의 자세

부모와 교사의 일관적이고 연계적인 양육 및 보육이 매우 중요하다는 점에서, 부모상담은 매우 중요한데, 부모나 교사 중 누구에 의해 상담이 요청되느냐에 따라 교사가 준비해야 할 자세는 다소 차이가 있다.

먼저, 교사가 영유아의 문제행동이 염려되어 상담을 요청하는 경우는 구체적인 자료를 바탕으로 접근을 할 필요가 있다. 다양한 상황에서 발생하는 영유아의 행동을 객관적인 관찰을 통해 평가하여 부모상담 시에 활용하는 것이다. 상담과정에서 영유아의 행동특성을 설명할 때는 병리적인 것으로 묘사하기보다는 발달적으로 보았을 때, 어떤 단계에 있으며 어떤 부분이 보완되면 좋을지에 대한 앞으로의 개선방안에 대해 이야기 나누는 것이 부모로 하여금 더욱 협조하게 만들 수 있다.

다음으로, 부모가 직접 상담을 요청하는 경우는 부모의 이야기를 적극적으로 경청하고 공감하는 자세가 필요하다. 이 경우에는 부모의 어려움을 충분히 공감하고 경청하는 것만으로도 부모는 많은 경우, 교사와 상호협력하고 싶어 하는 마음을 가지게 된다. 둘 중에 어떤 경우라고 하더라도 부모상담이 효과적으로 진행되기 위해서 교사가 숙지하면 좋을 몇 가지를 제시하면 다음과 같다(Faber & Mazlish, 1980).

- 문제점을 지적하며 시작하는 대신에, 영유아의 장점을 지적하며 시작한다.
  예 : 영수가 최근에 어린이집에서 문제행동을 많이 합니다.
  → 영수는 지난번에 힘겨운 친구를 돕겠다고 가장 먼저 손든 아이에요.
- 영유아의 힘겨움을 나열하는 대신에, 앞으로 해야 할 일을 알려준다.
  예 : 영수는 공상에 잘 잠기고, 혼자서 하는 것을 좋아하며, 역할놀이시간을 싫어합니다.
  → 영수는 다양한 친구들과 함께 하는 또래놀이play group의 경험을 좀 더 늘려주면 좋을 것 같습니다.
- 영유아를 포기하는 대신에 계획을 함께 세운다.
  예 : 영수의 공격적인 행동으로 인해 다른 또래에게 피해를 많이 줍니다.
  → 영수의 넘치는 에너지를 태권도나 축구 등의 신체적인 활동을 통해 발산시켜 주는 것도 많은 도움이 될 것 같습니다.
- 함께 세운 계획은 잊지 않고, 면담 후에도 관심을 가진다.
  예 : 함께 세운 계획에 대해 바빠서 신경쓰지 못했네요.
  → 영수가 요즘 태권도를 다니더니, "친구는 때리는 것이 아니에요."라는 반응을 하더라구요.

(2) 효과적인 상담기법

① 신뢰관계 형성

교사가 부모와의 성공적인 상담이나 이후 긍정적인 관계를 유지하기 위해서는 신뢰로운 관계 형성이 매우 중요하다. 신뢰는 건강한 관계 형성을 위한 필수적인 요소로, 부모들이 자신의 의견을 교사와 나누는 데 있어 안전하다고 느낄 수 있는 신뢰로운 분위기를 형성하는 데서부터 시작된다. 교사는 부모와 나누는 이야기가 비밀유지가 되며, 열린 분위기에서 편안하게 이야기 나눌 수 있는 존중할 만한 모델이 될 필요가 있다.

> 예 부모와 나누는 이 시간은 평가의 시간이 아닌 특별한 시간이며, 부모가 하는 말이나 행동은 모두 비밀로 할 것임을 알린다. 혹 부모가 필요하다면 이야기하는 것은 가능하지만 교사는 비밀로 할 것임을 알려준다. 경우에 따라서 부모가 불편하게 느끼는 내용이 있다면, 언제든 이야기하고 싶을 때 말할 수 있음을 함께 전달하는 것도 좋다.

② 경청

상담에서 가장 흔히 사용되는 기술로 겉으로는 부모의 말을 듣고 있지만 단지 듣는 것으로 그치는 것이 아니라, 교사의 마음속에서 수많은 활발한 정신활동이 일어나고 있는 상태를 의미한다. 부모의 입장에서는 교사가 부모의 이야기를 진지하게 들어주는 데 대한 감사함이 커서, 이 자체만으로도 큰 힘을 얻게 되는 경우가 많다. 경험이 부족한 교사는 가능하면 도움이 되는 말을 많이 해 주어야 한다는 책임감이나 부담감 때문에 경청을 제대로 하지 못하는 경우가 많다.

> 예 교사는 부모가 이야기를 할 때 집중하도록 하며, 부모를 쳐다보고 간간이 고개를 끄덕여 줌으로써 부모의 말에 관심을 기울이고 있음을 보이도록 해야 한다. "음.", "아, 그렇군요." 등의 반응을 하는 것도 도움이 된다.

③ 수용

교사는 부모가 털어놓은 이야기를 잘 경청하여 부모의 정서를 이해하여야 한다. 부모가 불편하게 하는 행동이 문제가 되는 경우가 아니라면, 상담을 요청한 부모의 마음과 현재의 어려움에 대해 판단하지 말고 그대로 받아들여주는 자세가 필요하다. 즉, 부모가 어떤 문제가 있든, 잘못이 있든 관계없이 한 인간으로 존중하는 마음으로 받아들여야 한다. 그 사람의 행동에 대해 칭찬하거나 승인하지도 않으면서 과장하거나 왜곡하지도 않으면서 있는 그대로의 사실로 인정하고 받아들이는 것을 수용이라 한다(안영진, 장선철, 2005). 진정한 수용의 자세를 갖추지 않은 교사는 부모의 이야기를 경청할 수 없으며 이야기의 숨은 의도나 속뜻을 놓칠 수도 있다.

> 예 교사는 언어적으로나 비언어적으로 부모가 느끼는 정서를 판단하거나 비판하지 않고, 무조건적으로 받아들여주는 자세가 필요하다.

④ 질문

부모가 일단 어떤 이야기를 했을 때 교사가 거기에 대해서 그 이상의 정보를 얻고자 하는 경우 사용한다. 교사가 더 알고자 하는 내용을 직접 물어볼 수도 있고 부모가 한 이야기를 좀 더 자세하게 말해 달라고 할 수도 있다. 이것은 일상생활에서도 흔히 사용되지만 상담에서는 교사의 입장을 고려하여야 하는 숙달이 필요한 기술이다. 즉, 같은 내용이라도 어느 시점에서 질문을 던질 것인지 어느 수준으로 질문할 것인지 직접적으로 물을 것인지 돌려서 물을 것인지 등에 대한 고려가 필요하다.

> 예 어머니 : 서영이가 어린이집에 가기 싫다고 해요.
> 교사 : 언제 주로 그런 이야기를 하나요?
> 어머니 : 아침마다 그래요.
> 교사 : 어린이집에 오기 전까지 준비하실 때 별다른 일은 없었나요?

⑤ 공감적 반응

공감은 동감이나 동정과는 다른 것이며 교사가 느끼기만 해서는 안 되고 반응으로 보여야 하는 것이다. 즉, 부모의 감정을 교사의 입장에서 느낀 대로 다시 부모에게 말로 표현해 주는 것이다. 하지만 반드시 언어적 표현일 필요는 없으며, 교사의 표정이나 태도, 몸짓 등의 비언어적 표현이 더 중요할 수도 있다.

때로는 언어의 내용보다 교사가 보이는 어투, 목소리 톤, 시선, 표정, 미소, 손 움직임 등과 같은 비언어적인 요소가 더욱 중요할 수 있음을 기억할 필요가 있다. 한 예로, 부모의 이야기에 교사가 “저는 모두 이해할 수 있어요.”라는 언어적 메시지를 전달했지만, 교사의 표정이나 어투가 진심으로 전달되지 않는다면, 언어의 내용적 전달은 의미가 없어지게 되는 것이다. 공감은 항상 언어와 비언어가 일치할 때, 그 힘이 배가 될 수 있다.

> 예 어머니 : 우리 경수는 늘 친구에게 얻어맞아요. 어쩌죠?
> 교사 : (속상한 마음을 담아) 그랬군요. 친구와 그런 일이 있어 많이 속상하셨겠어요.

⑥ 명료화

부모는 보통 자녀의 문제에 대해 객관적인 입장에서 이야기할 수 없으며, 안정된 감정상태를 유지하기 어려우므로 이야기가 장황하거나 두서가 없을 수 있으며, 때로는 반복되거나 생략되는 등 분명하지 않은 경우가 많다. 이런 경우 교사는 자신이 경청한 내용에 대해 객관적인 입장에서 문제의 요지를 단순하게 정리해줄 필요가 있다. 이렇게 함으로써 부모는 자녀의 문제에 대해 통찰을 얻게 될 수 있다.

> 예 어머니 : 서윤이는 글자에는 관심이 있는데, 통 숫자에는 관심을 보이지 않아요. 제가 매일 숫자공부를 시켜주는데…. 지금 어느 정도 숫자를 세야 정상인지…. 옆집 민수는 숫자는 잘하는데, 글자는 우리 서윤이만 못한 것 같고….
> 교사 : 서윤이가 숫자에 관심이 없는 것 같아 걱정하셨군요. 연령에 따른 글자나 숫자의 이해 정도도 궁금하셨고요. 보통 학교 가기 전에 간단한 글자를 읽고 쓸 수 있으면 돼요. 숫자는 50까지 세고 10단위 이하의 간단한 덧셈이나 뺄셈을 할 수 있으면 충분하구요.

⑦ 해석

상담을 하다 보면 영유아가 현재 겪고 있는 어려움이 어떤 과정을 거쳐서 어떤 요인들에 의해서 발생하게 되었는가를 부모보다 교사가 먼저 알게 되는 경우가 있다. 이런 경우 교사는 나름대로의 추리를 부모에게 설명해줌으로써 부모의 이해를 돕는 것이 문제해결에 큰 도움이 된다. 해석은 부모가 여태까지 의식하지 못했던 것을 의식할 수 있게 한다는 점에서 매우 큰 힘을 발휘하게 된다. 그러나 주의할 점은 부모가 아직 받아들일 수 있는 준비가 되어 있지 않은데, 너무 성급하게 해석을 하면 오히려 부모에게 해를 미칠 수 있다. 한꺼번에 여러 가지를 해석하는 것도 주의하여야 한다. 또한 교사의 해석은 진실이라기보다는 추리라는 점도 잊지 말아야 한다. 따라서 해석의 경우는 학기 초가 지나고 부모와의 관계 형성이 어느 정도 된 이후에 실시하는 것이 더 긍정적일 수 있다.

> 예 어머니 : 요사이 아이들에게 자주 짜증을 내게 되요. 남편은 아이들 돌보는 일에 참여하지도 않고, 제가 힘이 드니까…. 아이들이 자꾸 눈치보고 그래요. 걱정이 돼요.
> 교사 : 남편과의 관계에서 어려움을 겪게 되면 마음이 혼란되고 그러다 보면 자녀에게 친절하게 할 여유가 없어질 수 있어요.

⑧ 지도

교사와의 상담을 통해 부모 스스로 답을 얻어갈 수 있도록 도와주는 것이 가장 효과적인 상담이지만 경우에 따라 그렇지 못할 때가 있다. 부모가 올바른 선택과 결정을 하기 어려운 경우에 교사는 가장 적극적인 상담기술을 사용하여 교사가 자신의 가치판단기준을 제공할 수 있다.

> 예 어머니 : 준호와 한없이 놀아주다 보면 버릇이 없어지는 것 같고, 너무 엄하게 하면 눈치만 보고…. 그래도 엄하게 하는 게 나을 것 같아요.
> 교사 : 요사이 준호가 많이 위축되어 보이는데, 어머니께서 준호와 함께 이야기 나누시고 약속을 정하셔서 꼭 지켜야 할 것은 지키도록 하되 다른 일에 대해서는 많이 격려해주시면 좋겠어요. 단호하고도 친절하면 도움이 될 것 같아요.

교사가 부모를 상담할 때 가장 중요하고도 기본적인 조건은 따뜻한 마음가짐이다. 이것은 노력만으로 되는 부분이 아니기 때문에 더욱 중요하다. 교사는 영유아와 부모에게 도움을 줄 수 있다는 사실에 보람을 가지고 있고, 더 그렇게 되기를 바라기 때문에 기본 조건을 갖추고 있다고 할 수 있다. 이러한 기본 조건 위에서 노력으로 이룰 수 있는 여러 역량을 갖추게 된다면 훌륭한 상담가로 많은 영유아와 부모를 도울 수 있을 것이다.

(3) 상담 시 주의할 점

부모상담과정에서 교사가 지켜야 할 몇 가지 주의사항을 소개하면 다음과 같다.

첫째, 비밀보장을 지킬 의무가 있다. 부모와의 상담과정에서 영유아, 부모 및 가족의 내 · 외부적인 사정이나 사적인 정보를 알게 되는 경우가 있다. 이런 경우, 전문기관과의 연계를 위한 경우가 아니라면, 절대적인 비밀을 유지할 필요가 있다. 특히, 이는 원장이나 동료교사에게도 영유아의 절대적인 위험 상황예 : 학대이 아니라면, 비밀보장의 원칙은 우선시되어야 한다.

둘째, 어설프게 아는 지식으로 전문가인척 해서는 안 된다. 영유아의 문제행동과 관련한 몇 가지 단서만으로 자폐나 주의력결핍과잉행동장애ADHD 등과 같은 진단을 내리는 경우에 대해 매우 주의해야 한다. 영유아가 보이는 문제행동은 다양한 원인에 따른 결과이기에 정확한 평가가 필요하고, 또한 영유아는 발달하는 과정에 있기에 교사의 섣부른 평가로 인해 부모의 불안을 야기시킬 수 있다. 이런 경우 객관적인 관찰자료들을 충분히 수집한 후 부모가 전문적인 기관의 도움을 받을 수 있도록 유도하는 것이 더욱 바람직하다.

셋째, 모든 문제를 부모의 탓으로만 돌리는 경우는 부모 또한 죄책감으로 인해 긍정적인 역할을 하기 어려운 경우가 있다. 영유아의 문제행동은 대부분 부모로부터 귀인한 경우가 대부분이다. 그럼에도 에너지가 없는 부모의 경우, 모든 문제를 부모에게 돌리거나 부모의 노력을 과도하게 요구하는 경우는 부모가 적절한 기능을 상실할 수도 있다. 이런 경우는 부모의 역할이 매우 중요하지만, 양육에 대한 지식이나 기술보다는 부모 자신의 정서적인 안정감이 더 우선시되어야 함을 알려줄 필요가 있다. '**부모가 가지지 않은 것을 자녀에게 줄 수는 없다.**'는 말은 부모 자신이 건강하게 서 있지 않은 상태에서, 자녀에게 바람직한 양육을 할 수는 없다는 것이다. 특히, 지나친 개입이나 정보를 주는 것은 부모를 무력하게 만들 수 있으므로 이에 대한 주의도 필요하다. 이런 경우에는 부모의 긍정적인 에너지를 발휘할 수 있는 방법에 대해 함께 고민하고 격려하는 것이 필요하다.

넷째, 해결할 수 있는 것과 해결할 수 없는 것에 대한 통찰력을 키우는 것도 필요하다. 자녀의 문제로 상담을 하다보면, 부부관계나 부모의 원가족문제 등과 같은 다양한 문제들이 나오는 경우가 있다. 이런 경우 교사가 지나치게 개입하거나 코치를 하다보면, 예기치 못하게 부부간의 갈등이나 시부모 혹은 친정부모와의 관계에서 뜻하지 않은 문제를 발생시킬 수 있으므로 주의하여야 한다.

다섯째, 교사 자신의 한계를 알고 필요한 경우에는 다른 전문상담기관을 소개하거나 의뢰하는 것이 필요하다. 부모상담과정에서 교사 자신의 능력이나 지식으로는 해결도움이 불가능할 것으로 판단된다면 다른 전문기관으로 의뢰하는 것이 효과적이다. 이를 위해 사전에 인근 지역의 전문 아동상담기관에 대한 정보를 알아두는 것도 필요하다.

CHAPTER

06

영유아의 문제 상황별 지도

1. 활동에 참여하지 않으려는 경우 | 2. 자율성이 부족하고 의존적인 경우
3. 고집부리기를 하는 경우 | 4. 방해하는 행동을 하는 경우 | 5. 친구의 행동을 모방하는 경우
6. 식습관문제가 있는 경우 | 7. 성에 대한 호기심이 있는 경우

CHAPTER 06

영유아에게 발생할 수 있는 다양한 문제 상황에 대해 부모와 교사의 일관성 있는 양육 및 지도는 매우 중요하다. 본 장에서는 가정이나 기관에서 발생할 수 있는 다양한 영유아의 문제행동에 대한 상황별 지도방법을 다루고 있으며, 부모와 교사가 함께 공유함으로써 아동의 건강한 발달을 이끌 수 있다.

영유아에게 발생할 수 있는 다양한 문제 상황에 대해 교사와 부모의 일관성 있는 대처방법은 매우 중요하다. 특히, 영유아의 문제행동과 관련하여 교사와 부모와의 면담이나 상담과정에서 전문적인 정보의 교류가 필요한 경우가 있다. 이런 경우 교사가 영유아를 정확하게 관찰하고 객관적으로 평가한 자료를 바탕으로 다양한 상황별 대처방법에 대해 알며 이를 부모와 공유할 수 있다면, 부모는 교사를 전문가로서 인정하게 된다. 따라서 교사는 부모와 전문적인 협력관계에 들어가기 위해서는 영유아에게 발생할 수 있는 다양한 상황별 대처방법에 대한 지식과 기술을 알아둘 필요가 있다. 다음의 상황들은 교사가 영유아와의 관계에서 직접적인 대처방안도 되지만, 부모와 함께 공유함으로써 아동의 건강한 발달을 이끌 수 있다.

1. 활동에 참여하지 않으려는 경우

Q 어린이집에서 하는 활동에 참여하지 않고 가만히 서 있기만 합니다. 활동들에 큰 흥미를 느끼지 못하고 재미없어하거나 혹은 거부하기도 하며, 활동하는 친구들 주변을 빙빙 돌면서 함께 어울리지 못하는 것 같습니다. 어떻게 지도하는 것이 좋을까요?

1) 원인

① 부모, 교사 및 주변 사람들의 기대가 지나치거나 다른 또래와의 비교를 통해 자신감을 잃은 경우, 영유아는 다양한 활동들그림, 만들기, 놀이에 흥미를 잃기 쉽다. 부모나 교사가 지시나 설명을 많이 하거나 재촉하는 경우에도 영유아는 자주적인 활동에 자신감을 형성하지 못하게 되어 연령에 맞는 활동을 할 수 없게 되기도 한다.

② 영유아가 기질적으로나 성격적으로 에너지가 없거나 수줍음을 타는 경우, 활동에 참여하는 것을 어렵게 생각할 수 있다.

③ 제공된 자료나 활동이 영유아에게 적합하지 못한 경우, 어린이집에서 제공된 활동들이 영유아에게 흥미가 없는 경우에도 참여를 꺼려할 가능성이 있다.

④ 영유아의 지능이 너무 높아서 집단의 놀이가 흥미롭지 못한 경우나 이와는 반

대로 지적능력이나 신체적·기능적 발달과 언어발달이 늦은 경우에도 또래와의 활동에 참여하기 싫어한다.

⑤ 영유아의 시각 또는 청각 등의 감각지각적 결함이나 신체적 결함으로 인해 활동에 참여하기를 꺼려할 수도 있고, 지적 발달이 늦거나 특수한 대뇌장애로 동기 유발이 잘 되지 않는 경우도 있다.

⑥ 다양한 놀잇감을 통한 활동의 경험이 없거나 반대로 지나치게 많은 물건을 가진 경우, 환경적인 자극에 민감하게 반응하지 못하는 경우도 있다.

⑦ 활동에 참여하지 않음으로써 교사로부터의 관심이 강화요인이 될 수도 있다.

⑧ 단지 어떤 한 가지 활동에만 참여하기를 거절한다면, 그 활동에 대해 영유아가 어떤 잘못된 생각을 가지고 있기 때문일 수도 있다.

2) 바람직한 지도방안

① 영유아가 좋아하는 활동보다 부모가 좋아하는 활동만을 강요하여 자신감을 잃은 경우라면, 영유아가 스스로 활동을 선택하여 놀 수 있도록 존중해 주는 것이 필요하다. 예를 들어, 부모가 "넌 나이가 몇 살인데, 그런 놀이를 하니?"라고 하기보다는 "와, 지인이는 그 놀이를 그런 방법으로 할 수도 있구나."라고 말해줄 수 있다.

② 열등감이 심하거나 자신감이 부족한 영유아의 경우, 영유아가 한 일이나 활동에 애정 및 칭찬, 인정과 같은 긍정적인 반응을 보여 준다. 블록을 쌓고 있는 모습을 보며, "지인이는 블록들을 하나하나 열심히 쌓고 있구나."라고 이야기해주는 것이다.

③ 제공된 자료나 활동이 영유아에게 적합하지 않다면 영유아의 흥미에 알맞은 적절한 자료나 설비를 제공해주는 것도 필요하다. 만약 영유아가 활동 자체에 대해 흥미가 없다면, 영유아의 흥미를 존중하고 마음껏 실험해 보도록 부담 없는 활동, 예를 들어 종이 찢기, 밀가루 반죽, 물붓그림 등을 주어 수시로 놀게 한다.

④ 에너지가 없거나 수줍음이 많아서 활동을 잘 못하는 영유아의 경우는 영유아가 열등감을 느끼지 않도록 배려해 준다. 예를 들어, 영유아의 그림을 벽에 붙

일 때는 모든 영유아의 것을 다 붙이는 것이 좋다. 잘한 작품만 전시해 줄 경우, 열등감이 생길 수 있다.

⑤ 영유아가 활동에 참여하면 더 큰 관심을 보여 준다. 처음에는 영유아가 활동에 참여하고 있는 다른 아이들을 단지 바라만 볼 때에도 강화를 주어 영유아가 차츰 활동에 참여하는 양이나 빈도를 늘리는 것이다. 영유아가 활동에 완전히 참여하게 되면 강화를 줄이도록 한다. 영유아가 활동에 참여하지 않을 때는 인정도 부정도 하지 말고 단지 중립적으로 반응하는 것이다. 예를 들면, 미소 짓거나, 반응하거나, 쳐다보지 말고 너무 가까이 있지 않는 방법을 사용할 수 있다.

⑥ 지능이 너무 낮거나 언어발달이 늦어서 활동에 참여하지 못하는 경우는 쉬운 활동을 시작으로 여러 가지 활동에 참여하게 하여 그 활동들을 친숙하게 적응시킬 수 있다.

⑦ 단지 어떤 한 가지 활동에만 참여하기를 거절한다면, 그 활동에 대해 영유아가 어떤 잘못된 생각을 가지고 있기 때문일 수도 있다. 이 경우에는 영유아에게 왜 그 활동에 참여하고 싶지 않은지 물어보고, 영유아의 이유를 이해했다면 그 생각을 변화시킬 수 있도록 관심을 가지고 노력해야 한다.

2. 자율성이 부족하고 의존적인 경우

Q 혼자서 뭔가를 하기보다는 늘 부모에게 뭔가를 해달라고 하는 거예요. 혼자서 해 보라고 하면, "나는 못해."라는 말만 하는데, 어떻게 지도하는 것이 좋을까요?

1) 주요 원인

① 부모나 교사가 지나치게 간섭이 심하고 과잉보호를 하는 경우에는 영유아의 자율성발달을 방해하여 독립적이지 못한 아이로 성장하게 된다. 특히, 자율성이 생기는 2~3세 즈음 영유아가 충분히 혼자서도 할 수 있는 일을 부모나 교사가 대신 해줄 경우 영유아는 이후에도 주도성이나 자신감에 문제가 생기게 된다.

② 부모나 교사가 사소한 일에도 심한 처벌을 하는 경우에는 주눅이 들어 자신감이 없어지고 타인에게 의존하는 아이로 성장하게 된다.

③ 부모의 일관적이지 못한 양육은 영유아를 혼란스럽고 불안하게 만든다. 동일한 상황에서도 부모의 기분에 따라 어떤 때는 된다고 했다가 어떤 때는 안 된다고 버럭 화를 내게 되면, 영유아는 부모의 태도에 적응하기 어려워하고 부모의 눈치만 살피게 되어 의존적인 아이로 자라게 된다.

④ 부모의 성격이 지나치게 깔끔하고 급한 경우, 영유아가 천천히 또는 미숙하지만 혼자서 할 수 있음에도 불구하고 부모가 참지 못하고 대신해줄 때가 종종 있다. 이러한 행동은 부모의 마음을 편안하게 할 수는 있지만 영유아는 의존적으로 성장할 수 있다.

2) 바람직한 지도방안

① 영유아가 실수하거나 혼자서 서투르게 하더라도 교사나 부모가 도와주고 참견하기보다는 영유아의 능력을 믿고 스스로 할 수 있도록 기다려주는 마음가짐이 필요하다.

② 영유아기는 왕성하게 탐색의 욕구가 발달하는 시기이므로 실수를 많이 일으키기 쉽다. 그러나 이러한 실수에 대해 교사나 부모가 영유아를 자꾸 억압하거나 잔소리하지 않아야 함과 동시에 안전한 환경 안에서 영유아가 최대한 자유롭게 탐색할 수 있도록 도와준다.

③ 가정에서 부모는 민주적인 양육행동을 통해 부모의 기분에 따라 영유아를 대하지 않고 일관적으로 양육하도록 노력한다. 부모의 다정하면서도 단호한 양육행동kind and firm은 영유아가 의존적인 아이로 자라지 않도록 돕는다.

④ 영유아가 작은 일이라도 자신의 일을 스스로 처리했을 때는 충분한 칭찬으로 보상해주는 것이 필요하다.

⑤ 영유아가 스스로 주변 환경을 탐색할 수 있도록 기회를 주어야 한다. 18~36개월은 자율성이 생기는 시기로 이 시기의 영유아들은 스스로 주변 환경을 탐색하고 싶어한다. 이러한 과정에서 영유아들이 많은 일거리를 만들어 부모나 교사를 힘들게 할 때도 종종 있다. 그렇더라도 영유아의 행동을 무조건 제한하

기보다 주변 환경을 안전하게 탐색할 수 있도록 안전한 환경을 확보해줌으로써, 이러한 욕구를 충분히 충족시켜줄 필요가 있다.

⑥ 다양한 또래관계를 경험할 수 있는 기회를 제공하고, 자신의 놀이를 스스로 주도할 수 있도록 해주어야 하는데, 영유아가 놀이하는 동안 부모나 교사가 참견하거나 주도하는 것은 바람직하지 않다. 놀이 속에서 영유아가 자신이 원하는 놀잇감을 선택해서 스스로 놀이를 구성하는 기회를 갖도록 도와주는 것이 필요하다. 즉, 놀이를 통해 자신의 능력을 최대한 발휘할 수 있도록 기다려 주어야 한다.

⑦ 가정에서는 놀잇감이나 과자 등을 살 때 영유아가 고를 수 있도록 경험시켜 주는 것도 좋다. 놀잇감이나 과자 등을 구입할 때 부모는 영유아에게 한계를 설정해주고 그 범위 내에서는 영유아가 자유롭게 선택할 수 있도록 격려해준다. 작은 부분일지라도 자녀가 먹고 싶은 과자나 놀고 싶은 놀잇감을 선택해 보는 경험은 영유아의 자율성발달을 돕는다.

⑧ 간단한 실생활 경험밥 먹기, 옷 입기, 씻기 등을 스스로 해볼 수 있도록 도와주어야 한다. 영유아가 음식을 흘리더라도 혼자서 먹어볼 수 있게 도와준다. 교사나 부모는 영유아가 흘리는 것을 보기 싫어하거나 치우는 것이 귀찮아 대신 먹여 주는 경우가 종종 있다. 조금 귀찮더라도 실생활 경험을 스스로 해봄으로써 영유아는 자율성을 발달시킬 수 있는 기회를 갖는다.

3. 고집부리기를 하는 경우

Q 28개월의 남아인데, 자신이 원하는 욕구가 충족될 때까지 떼를 쓰며, 자기가 하고자 하는 일이 마음대로 되지 않으면 꼼짝도 하지 않습니다. 특히, 할 수 없는 일을 무조건 하겠다고 고집부리고, 원하는 바가 뜻대로 되지 않으면 주변에 있는 물건을 던지거나 들어줄 때까지 고집을 부리는데 울고 떼를 쓰며, 바닥에 드러누워 소리를 질러 부모를 당황하게 합니다. 고집부리는 행동이 지나친데, 어떻게 하면 좋을까요?

1) 주요 원인

① 만 2세경에는 자율성이 생겨나는 시기로, 모든 것을 자기가 하겠다고 한다. 또한 세상 모든 것이 자기를 중심으로 움직인다고 생각한다. 그래서 모든 것이 자기 뜻대로 되어야 하고, 자기 잘못으로 일어난 일도 모두 남의 탓이 된다. 자기 뜻대로 탐험하고 싶어 하는 마음과 엄마의 보호 속에 있고자 하는 마음이 공존하여 아이의 반항과 고집은 이런 내면의 욕구로부터 시작된다.

② 영유아의 특성으로, 까다롭고, 예민하고, 활동성이 많은 기질적 특성을 가지거나 자기조절력이 약한 경우, 감정기복이 심하고, 집중력이 떨어지며, 새로운 환경에 민감한 경우에도 그럴 수 있다.

③ 부모의 양육 관련 특성으로, 권위주의적, 허용적, 방임적, 거부적인 양육과 함께 부모의 비일관적인 양육은 영유아의 떼쓰기에 매우 중요한 원인이 된다.

2) 바람직한 지도방안

자신의 주장을 펼치는 행동의 일환인 고집부리기는 자율성이 나타나는 18~36개월의 걸음마기부터 보이는 자연스러운 행동으로, 영유아에게 연습과 시행착오를 통해서 조절감을 키워주는 것이 중요하다.

① 부모나 교사는 다정함과 단호함의 양육을 일관되게 지켜나가야 한다. 영유아가 하는 행동 이면에 숨은 의도를 파악하여 마음을 읽어주되, 안 되는 행동에 대해서는 단호하고 일관되게 한계를 정해주어야 한다. 특히, 고집이 센 영유아일수록 아이가 느끼는 마음을 수용하되, 약속한 규칙에 대해서는 단호하게 안 됨을 알려주어야 한다. 무조건 화를 내거나 짜증 섞인 말투로 안 된다고만 하지 말고, 영유아와 얼굴을 마주하고 눈을 바라보며, 단호한 표정으로 고집을 부려도 소용 없다는 것을 알게 해주어야 한다.

② 평소에 고집부리지 않는 행동을 할 때는 무시하거나 관심을 가져주지 않고, 긍정적인 행동을 할 때는 긍정적 강화를 사용한다. 영유아가 바람직한 행동을 할 때마다 보상영유아가 좋아하는 놀이 함께 하기, 안아주기, 칭찬 등을 주어 그 행동의 발

생을 증가시키는 방법이다.

③ 고집을 피울 때는 의도적으로 무시하는 것도 필요하다. 영유아가 힘겨루기를 하듯이 울거나 조르는 행동을 할 때는 무시하는 행동을 통해 고집을 부려도 소용이 없다는 것을 알게 하는 것이다. 이때 부모나 교사는 영유아가 지금의 상황에 대해 이해할 수 있도록 쉽게 설명해서 자신이 미움을 받는다는 생각을 하지 않도록 해야 한다. 영유아는 부모나 교사의 무관심보다는 어떠한 형태의 관심이라도 받을 수 있기를 무의식적으로 바라게 되어 잘못된 행동양식이 버릇처럼 형성된다. 이런 경우 영유아가 문제행동으로 인해 받았던 모든 관심을 동시에 중단하는 것이 필요하다.

④ 제한 설정하기와 함께 선택권을 줄 수 있도록 한다. 고집부리는 행동을 할 때, 제한 설정ACT단계를 사용한다(Landreth, 2002).

표 6-1 제한 설정(ACT)단계

단계	내용	예시
1	영유아의 감정, 바람, 원망을 인정해 주세요. (Acknowledge the Feeling)	"네가 지금 선생님(또는 엄마)에게 화가 난 것을 알아."
2	제한을 전달하세요. (Communicate the Limit)	"하지만 장난감을 던질 수는 없어. "
3	수용 가능한 두 가지 대안을 제시하세요. (Target acceptable alternatives)	"네가 원한다면 공이나 쿠션을 이쪽이나 저쪽으로 던져볼 수 있지."

* 제한설정은 행동을 중지시키려는 것보다 행동을 변화시킬 힘이 영유아에게 있다는 것을 전달하는 데에 더 큰 의미가 있다.

⑤ 대화를 통한 협조의 방법을 사용한다(도현심, 2012). 예를 들어, 아이가 마트에서 다리가 아프다고 엄마에게 안아달라고 고집을 부린다면, 지시하듯 "~하지 마. 하지 말라고 말했지."가 아니라, "네가 힘들어서 엄마에게 안기고 싶은 마음은 알지만, 이제는 혼자 걸을 수 있어. 네가 혼자 걸어간다면 엄마도 기쁠 것 같구나."라고 말해주는 것이 좋다. 그리고 혼자 걸어간다면, 그 행동에 대해 잊지 않고 칭찬해 주는 것이 필요하다.

⑥ 고집부리는 행동을 할 때, 그 문제를 해결하는 데만 치중하기보다 더 중요한 것은 평상시의 영유아의 행동에 관심을 가지고, 올바른 칭찬을 하는 것이다.

이와 더불어 비판을 해야 하는 상황에서는 올바른 비판의 방법을 사용해야 한다. 올바른 칭찬은 영유아가 행한 것을 자세히 기술하고, 과정과 노력에 대하여 칭찬하는 것으로, "우리 수연이가 바닥에 있던 자동차랑 블록을 선반 위에도 다 치워놓았구나. 방이 깨끗해진 것을 보니, 엄마가 기분이 좋아." 또는 "우리 수연이가 여러 가지 색깔을 사용해서 나무랑 집을 열심히 그렸구나."라고 칭찬해 주는 것이다. 주의할 점은 고집부릴 때, "우리 누구 너무 착하지"라는 인성을 판단하는 말은 피하는 것이 좋다. 또한 올바른 비판은 앞으로 해야 할 방향성을 지적해 주는 것으로, "우리 수연이가 엄마에게 울지 않고, 말로 하면 참 좋겠구나."라고 이야기할 수 있다.

⑦ 예방의 방법으로 외출 시에 영유아에게 사전에 예고하는 방법이다. 고집부리지 않도록 사전에 영유아와 함께 약속을 정하고, 이와 관련해서는 일관성을 지켜나가는 것이 필요하다. 예를 들면, "우리 지금 마트를 갈텐데, 엄마랑 즐겁게 장보고 오면 좋겠다. 그런데 혹 네가 장난감을 사달라고 고집을 부린다면, 우리 약속한 대로 집으로 돌아올 거야."라고 이야기하는 것이다. 또한 영유아의 고집이 그치면 잊지 않고 칭찬을 해준다.

⑧ 가슴에 꼭 안아주는 것이 필요하다. 고집을 부린다고 해서 무조건 엄한 태도로만 일관해서는 안 된다. 영유아가 고집을 부릴 때 가슴에 꼭 안아 달래주면 오히려 고집을 꺾고 엄마 말에 귀를 기울일 수도 있다.

⑨ 부모나 교사 역시 잘못했을 때는 사과할 수 있어야 한다. 어른들도 잘못할 수가 있는데, 이때 체면 때문에 잘못을 인정하지 않고 도리어 영유아를 야단치면 반항적으로 고집을 피울 수 있다.

⑩ 위험한 경우가 아니라면, 영유아가 직접 체험해서 스스로의 선택이 좋지 않았음을 깨닫도록 한다. 예를 들어, 더운 날씨인데도 두꺼운 티셔츠를 입고 밖에 나가려고 하면 일단 입혀준다. 그러면 얼마 후 덥다는 것을 스스로 느끼고 다른 옷을 입겠다고 한다.

Tip 구체적인 상황별 지도방안

다양한 상황에서 보이는 영유아의 떼쓰기를 보면서, 어떻게 대처해야 할지 당황해 하는 이들이 많이 있는데, 무조건적인 제한이나 제지는 영유아의 고집을 더욱 부정적으로 강화하는 방법이 된다. 일단 영유아가 보이는 행동 이면의 원인을 파악할 필요가 있으며, 영유아의 욕구나 마음을 이해해 줄 필요가 있다. 그리고 되는 것과 안 되는 것에 대한 일관적인 규칙이나 대안을 정하는 것이 필요하다.

- **청소나 설거지하는데, 같이 놀아달라고 할 때**

☞ 30초 동안 영유아에게 집중하는 방법으로, 하던 일을 잠깐 멈추고 영유아의 눈을 바라보며 "엄마가 지금 설거지 하고 나면, 너와 즐겁게 놀 수 있을 것 같아."라고 이야기한다. 그리고 잘 기다려준 경우에는 칭찬을 해준 후, 영유아와 질적인 놀이를 함께 하는 것이다. 또한 부모가 일하는 동안에 영유아가 할 수 있는 간단한 일거리를 주는 것도 도움이 된다. 영유아가 할 수 있는 가사 일에 동참하는 것은 부모를 도와주면서 뿌듯함을 느끼게 되고, 기여를 통한 소속감을 느낄 수 있는 계기가 된다. 비록 가사 일에 서툴러 실수를 하더라도 부모는 도와주는 영유아를 적극적으로 칭찬해주는 것이 좋다.

- **시도 때도 없이 만화 채널을 틀어달라고 할 때**

☞ 무조건 안 된다고 제한하기보다는 하루에 볼 수 있는 시간을 영유아와 정하는 것이 좋다. 유아기에는 보통 하루 30~45분 이내가 적당하고, 취학 후에도 1시간 30분 이내가 적당하다. 영유아가 보고 싶어 하는 만화를 쭉 적은 후, 만화의 내용이 아이가 볼 수 있는 내용인지를 확인한다. 그리고 영유아와 함께 만화를 볼 수 있는 시간을 정하는 것이다. 이를 통해 영유아는 욕구를 충족함과 동시에 시간에 대한 조절력을 키울 수 있게 된다. 혹 영상물 중에 공격적인 내용이 나온다면, 그것은 실제가 아닌 가상임을 영유아와 이야기 나누는 것도 도움이 된다.

- **없는 음식이나 물건을 달라고 할 때**

☞ 영유아의 떼쓰는 행동을 막으려면 떼쓰기의 수준이 높아지기 전에 예방하거나 해결하는 것이 가장 좋은 방법이다. 평소에 먹을 것을 달라고 떼를 쓰는 아이라면, 외출할 때 영유아가 먹을 수 있는 것을 준비해 두는 것이다. 그러나 한밤중에 영유아가 치즈를 사러 가자고 떼를 쓰며 조른다면, "우리 예은이가 치즈 먹고 싶은 것은 알겠는데, 집에 치즈는 없고 마트는 문을 닫았고, 엄마도 어떻게 해야 할지 모르겠다. 엄마가 요술부리기 해서 치즈가 나타나게 하면 좋겠다."와 같이 영유아의 소망을 상상으로라도 들어주는 것은 무조건 "안 돼!"라고 이야기하는 것보다 긍정적인 해결책이 될 수 있다(Faber & Mazlish, 1980). 그리고 부모가 할 수 있는 대안행동을 제시해 주는 것도 방법인데, "우유를 먹을 수도 있고, 아니면 엄마가 팬케이크를 만들어 줄 수 있어. 어떤 것을 선택할래?"하는 것이다. 그러나 절대로 안 되는 행동을 고집 피울 경우에는 고집이 언제나 통하지 않는다는 것을 알아야 하기에, 안 되는 이유를 설명해주고 무관심하게 대응하는 것이 필요하다.

4. 방해하는 행동을 하는 경우

Q 만 4세 남아로 친구들의 놀잇감을 망가뜨린다든지, 친구를 밀치고 짜증나는 말투로 이야기하는 행동을 보입니다. 수업시간에는 바르게 앉지 않고 옆에 있는 친구를 밀치거나 때리는 등의 행동을 해요. 그리고 이에 관해 혼을 내면 울기부터 하는데, 이런 경우 어떻게 지도해야 할까요?

1) 주요 원인

① 영유아기의 스트레스는 영유아의 정서조절능력을 좌우하는 주요 원인이 되기도 한다. 또래와의 관계에서 정서조절 능력이 부족한 경우 잦은 다툼이 나타날 수 있으며, 불쾌한 감정이 일어날 때 이러한 기분을 친구를 괴롭히며 풀어버리는 태도로 표출되기도 한다.

② 유아기는 또래관계가 중요한 시기로 이들은 또래집단에 소속되고 인정을 받고 싶어 한다. 이들이 집단에 소속되지 못한다고 느낄 때 올바르지 못한 방법으로 친구들의 관심을 끌거나 잘못된 행동을 나타낼 수 있다. 즉, 자신의 존재를 인정받고 싶어 하나 뜻대로 되지 않을 때, 부정적인 태도를 통해 관심을 끌려는 태도를 반복해서 나타내기 쉽다.

③ 영유아가 성장하면서 친구나 형제와 어울려 놀 기회가 부족하거나 적절한 지도를 받지 못할 경우, 친구와 사이좋게 지내는 방법에 대한 사회적 기술의 미숙함을 보인다.

④ 가정이나 보육기관에서 화가 나는 상황이 발생했을 때, 부모나 교사가 정서조절을 제대로 하지 못하고 분노를 폭발하는 모습을 보게 되면, 영유아는 이를 그대로 모방하기도 한다.

2) 바람직한 지도방안

① 영유아의 행동을 유심히 관찰하여, 대화를 통한 문제해결을 시도한다. 영유아의 잘못된 행동에만 집중하여 야단을 치거나 벌을 주게 되면, 이러한 행동은

영유아의 입장에서는 관심받은 것으로 여겨져 오히려 그 행동을 강화시킬 수 있다. 따라서 영유아가 왜 그러한 행동을 했는지에 대해서 수용적인 자세로 경청한 후 아이가 그런 행동을 하게 된 마음에 대해서는 수용하고 이해할 필요가 있다. 다만, 친구들에게 하는 부적절한 행동에 대해서는 단호한 제한을 해야 한다. 예를 들어, 블록을 빼앗는 행동을 할 때는 "네가 블록을 혼자 가지고 놀고 싶은 마음은 알겠지만, 블록은 함께 가지고 노는 거란다."라고 이야기한다. 그리고 영유아가 친구의 허락 없이 블록을 빼앗을 경우, "블록을 가지고 놀고 싶은 마음은 알겠지만, 친구의 블록을 말없이 가져가는 것은 아니야. 친구와 사이좋게 지내려면 어떻게 해야 할까?"라고 물어보는데, 영유아가 적절한 답을 못할 경우에는 "선생님또는 엄마 생각에는 네가 친구 블록을 가지고 놀고 싶을 때는 '친구야, 나 그 블록 가지고 놀고 싶어.'라고 말로 할 수 있지."라고 말을 해준다.

② 또래들과 함께 놀이할 수 있는 기회를 많이 제공한다. 다른 또래들과의 놀이 경험이 부족한 영유아는 사회적 기술이 부족하게 되어, 또래로부터 수용되기가 쉽지 않다. 그러므로 다른 또래들과 함께 놀이할 수 있는 기회를 충분히 제공하고, 영유아가 또래들과 함께 놀이하는 장면이나 바람직한 행동을 할 때 칭찬해줌으로써, 자연스럽게 부정적인 행동이 줄어들 수 있도록 한다. 특히, 가정에서는 일주일에 2~3번 정도 또래놀이play group의 경험을 통해 친구도 데려와 보고, 친구 집에도 가보는 등의 또래와의 놀이 경험을 제공해줄 필요가 있다.
또한 교사는 교과과정 안에 대집단, 소집단 및 짝활동 등의 영유아들이 함께 놀이하는 경험을 많이 제공하여, 함께 놀이하는 것이 즐겁다는 것을 알 수 있도록 한다. 이와 더불어, "나는 너와 함께 놀고 싶어.", "함께 놀아도 될까?"와 같이 놀이에 참여하는 방법에 대해서도 알려준다.

③ 평소에 긍정적인 행동을 보일 때 칭찬할 수 있도록 한다. 영유아가 보이는 부정적인 행동에만 집중하고 관심을 가지게 되면, 그 행동은 더욱 강화된다. 평소에 영유아가 긍정적인 행동을 보일 때, "서윤이가 친구들과 함께 블록을 가지고, 그것을 열심히 만들었구나."와 같이, 긍정적 행동에 대하여 관심을 가지고 칭찬함으로써 부정적인 행동이 자연스럽게 줄어들 수 있도록 한다.

④ 영유아가 보이는 부정적인 태도에 지나친 관심을 나타내지 않는다. 영유아의 잘못된 행동의 원인이 '관심 끌기'라면 주변 사람들의 관심은 오히려 그러한 행동을 강화시킬 수 있다. 따라서 주변 영유아들이나 상황에 크게 문제가 되지 않는다면, 영유아가 방해하는 등의 부정적인 태도를 보일 때에는 무관심한 태도를 보이고 평소 아이가 보이는 긍정적 행동에 대해 많은 관심을 기울여 주면 관심 끌기 행동은 자연스럽게 줄어든다.

⑤ 평상시에 부모는 아이와 상호작용하는 놀이의 기회를 많이 가진다. 가정에서 부모–자녀 간에 상호작용하는 놀이를 많이 할수록, 부모–자녀관계가 개선될 뿐 아니라, 영유아의 정서가 안정될 수 있다. 또한 부모를 통해 영유아는 친사회적 행동들을 학습할 수 있는 기회가 되어, 다른 또래들과의 놀이에서도 협력하기, 나누기와 같은 친사회적 기술들을 사용할 수 있게 된다.

⑥ 교과과정 안에 친사회적 행동이나 언어들을 포함시켜, 연습할 수 있도록 한다. 교과과정 안에 나누기, 협력하기, 함께 놀이하기와 같은 친사회적 행동을 포함시켜서, 유아들이 반복적으로 학습할 수 있도록 한다. 이와 더불어, "미안해.", "고마워.", "괜찮아." 및 "나도 함께 놀고 싶어.", "너를 도와주고 싶어."와 같은 친사회적 언어를 사용할 수 있도록 지도한다.

⑦ 부적절한 모델링이 되지 않도록 주의한다. 영유아의 잘못된 행동을 보면 대개 어른의 행동을 모방하는 경우가 많다. 예를 들어, 부모가 화를 내듯 이야기를 하게 되면, 영유아는 이를 모방하여 또래에게도 "저리 가.", "비켜.", "씨이~~"하는 등의 부정적인 언어를 사용하기가 쉽다. 이런 경우, 교사나 부모는 장난으로라도 때리는 행동이나 부적절한 언행을 하지 않도록 주의할 필요가 있다. 그리고 실수한 부분이 있다면, 이에 대해 영유아에게 실수를 인정하고 사과할 필요가 있다.

⑧ 울면서 이야기하지 않도록 지도한다. 영유아가 울면서 이야기를 할 때, "네가 울면서 이야기를 하면, 선생님또는 엄마은 네 이야기를 잘 들을 수가 없단다. 지윤이가 선생님또는 엄마처럼 이야기하면 네 말을 잘 들을 수 있지."라고 이야기하여, 울면서 이야기하는 것이 습관화되지 않도록 지도한다.

5. 친구의 행동을 모방하는 경우

Q 만 4세(6세반) 여아인데, 평소에 친구의 행동을 그대로 따라하는 편입니다. 자기 의지와는 다르게 친구가 하는 것을 그대로 따라하고, 그림 그리는 것도 따라하고, 색깔 선택도 친구와 같은 것을 합니다. 특히, 어린이집에서는 자신이 좋아하는 친구가 놀이영역을 바꾸면, "나도 여기서 할래."라고 말하는데, 그럴 때 다른 친구들이 "넌 거기서 놀고 있었잖아, 여기 들어오지 마"라고 이야기하자 울음을 터뜨렸어요. 이렇게 친구의 행동을 따라만 하는 아이, 어떻게 지도하는 것이 좋을까요?

1) 주요 원인

① 사회학습이론에 따르면, 아동은 어른의 행동을 모방함으로써 생존에 필요한 다양한 기술과 사회적 기준들을 학습해 나간다. 특히, 유아기는 모방행동이 많이 일어나는 시기로, 부모나 교사와 같이 의미 있는 대상의 행동을 따라하는 경향이 있다.

② 대인관계기술이 부족한 영유아는 친구의 행동을 모방하는 과정을 통해 또래관계를 형성하기도 한다. 따라서 모방행동은 마음에 드는 상대와 친구가 되고자 하는 시도로도 볼 수 있다.

③ 부모로부터 빈번한 야단을 맞거나 과보호로 자란 영유아는 부정적인 자아개념을 형성하게 되고, 자신의 선택이나 행동에 자신감이 부족하여 남의 행동이나 말을 따라하는 경우가 많다.

④ 유아기는 협동놀이가 가능해지고 친구와 장난감을 공유하거나 차례를 기다리는 등의 과정을 통해 다른 사람과 더불어 살아가는 방법을 배우는 시기이다. 친구의 행동이나 결정을 무조건 따라하는 영유아의 행동은 자신에 대해 자신감이 부족하거나 혹은 부모의 권위주의적인 양육태도로 인해 주도성이 결여되었기 때문으로 볼 수 있다.

2) 바람직한 지도방안

① 칭찬을 통해 자신감을 갖도록 한다. 영유아의 행동에 대해 "참 잘했다."식으로 옳고 그름을 염두에 둔 칭찬을 자주할 경우, 영유아는 어른의 판단기준을 의식해 눈치를 살피게 되고 자신 있게 어떤 일을 결정하거나 선택하지 못하게 된다. 그러므로 교사나 부모는 결과보다는 영유아의 행동 그 자체를 칭찬하고 격려함으로써 선택에 대한 두려움을 감소시키고 자신감을 심어준다. 예를 들어, 장난감을 잘 치운 영유아에게는 "착하다."라는 말보다는 "바닥에 있는 장난감들을 선반 위에 올려두었구나. 바닥이 깨끗해지니 선생님또는 엄마도 행복하다."라고 말해준다.

② 스스로 할 수 있는 기회를 많이 주고 영유아의 선택을 존중해 준다. 영유아가 쉽게 잘 할 수 있는 일들을 자주 하게 해주어 성공하는 경험이나 긍정적인 경험을 많이 하도록 해 준다. 예를 들면, 아이의 학용품이나 옷을 사 줄 때, 부모가 몇 가지를 고른 다음 그중에서 하나를 선택하도록 하는 것도 도움이 될 것이다. 그 다음에는 반드시 아이가 스스로 결정한 것에 대한 격려와 칭찬을 해줌으로써 주도성을 가질 수 있도록 한다.

③ 영유아의 행동에 대한 비판이나 지나친 간섭을 하지 않는다. 교사나 부모가 너무나 엄격하고 예의 바른 것을 강조할 경우, 영유아는 좌절을 경험하게 되고, 자신의 가치에 대해 평가절하하게 되며, 항상 잘 못하는 사람으로 지각하게 되어 자신감을 상실하게 된다. 특히, 사소한 문제도 스스로 결정을 내리지 못하고 다른 사람의 결정에 따르는 의존적인 영유아가 된다. 또한 교사나 부모가 영유아의 모든 행동에 관여하고 대신 해주다 보면 영유아는 '나 혼자서는 할 수 없구나.'라고 생각해서 의존적이 되며 자신감을 상실하게 된다. 따라서 작게나마 영유아가 성취한 경험에 대해 관심을 가져주고, 격려해 주는 것이 필요하다.

④ 모방행동에 대한 무조건적인 비판은 오히려 영유아의 의존성을 높이는 원인이 된다. 다른 또래의 행동을 따라하는 것에 대해 "너는 왜 항상 그 아이만 따라하니? 너는 의견이 없니?"와 같이 영유아의 모방행동을 비판하는 말은 영유아로 하여금 더욱 위축되게 만들고 자신감 없게 만드는 원인이 된다. 따라서

교사나 부모는 모방행동이 영유아의 일시적인 현상인지, 자신감 부족에서 오는 것인지 살펴보고 이를 해결하기 위해 노력해야 한다.

6. 식습관문제가 있는 경우

Q 김치를 싫어하는 유아인데, 점심식사에 김치가 나오자 먹는 것을 거부합니다. 교사가 김치가 건강에 얼마나 좋은지를 설명해주고 "한 개만 먹어보자."라고 하였고, 그렇게 하겠다고 했습니다. 그런데 식사를 하던 중에 결국 김치를 뱉어버렸어요. 어떻게 지도해야 할까요?

1) 주요 원인

① 신체적인 이유씹는 맛이나 감촉, 냄새 등에 거부감을 느낌 등로 인해 편식이 나타날 수 있다.

② 심리적 원인먹을 것을 강요당하거나 구토, 복통 등의 불쾌한 경험, 동생이 태어났을 때 부모의 관심 끌기 등으로 편식행동이 나타날 수 있다. 특히, 영유아가 편식하는 원인이 심리적인 것일 경우에는 교사나 부모의 충분한 관심과 애정이 필요하지만, 일반적으로 편식의 주된 원인은 부모의 부적절한 양육행동으로 인한 경우가 많다.

③ 이유식 때 한두 가지 종류의 음식만 지속적으로 먹인 경우, 부모가 싫어해서 음식을 먹이지 않아 맛에 대한 경험이 부족한 경우, 인스턴트 음식이나 자극적인 음식을 먹인 경우에 영유아의 편식이 발생할 수 있다.

④ 먹기 싫어하는 영유아에게 먹이려고 하는 교사나 부모의 태도는 영유아의 부정적인 식습관을 더욱 강화 또는 지속시키는 요인이 될 수 있다.

⑤ 간식을 많이 먹는 경우, 편식의 요인이 될 수 있다.

2) 바람직한 지도방안

① 식사시간과 장소를 정하는 방법이다. 교사나 부모는 편식하는 영유아가 음식을 다 먹을 때까지 계속 기다려주기도 하는데, 이것은 영유아에게 정해진 식사시간의 중요성과 식사예절을 습득하지 못하게 할 수 있다. 따라서 식사시간

과 장소에 대해 아이와 사전에 대화로 규칙을 정하는 것인데, 유아기의 식사 시간은 30분 정도면 적절하다(도현심, 2012). 이 시간 동안 한 장소에서 먹을 수 있도록 하고, 시간이 지나면 아이에게 선택권을 줄 수 있다. 예를 들면, "서윤아, 우리 아침 먹는 시간 10분 남았어. 지금 먹지 않으면 점심까지 기다려야 되는거야."라고 이야기한다. 식사시간이 지나거나 영유아가 식사를 거부할 때에는, 과감히 식사를 치워버리고 배가 고프다고 해도 다음 식사 때가 되기 전까지는 다른 음식을 주지 않도록 한다.

② 새로운 음식을 충분히 연습시키고 다양한 조리법을 통해 다양한 맛을 느낄 수 있도록 해준다. 그동안 영유아가 경험해보지 못했던 재료나 음식에 대해서 충분히 탐색하고 다양한 모양과 맛을 내는 조리법으로 자연스럽게 다양한 음식을 맛볼 수 있도록 해준다. 또한 영유아가 좋아하는 재료와 싫어하는 재료를 잘게 썰어서 함께 섞어 조리해주어서 싫어하는 음식을 자연스럽게 함께 섭취할 수 있도록 하는 것도 좋은 방법이다.

③ 영유아가 먹을 수 있는 적당한 양을 주고 점차 늘려가며, 싫어하는 음식을 먹었을 때에는 칭찬을 해주거나 보상을 해준다. 편식하는 식습관의 개선은 단계적으로 훈련하는 것이 바람직하므로, 영유아가 좋아하는 조리법으로 요리하여 싫어하는 음식을 조금씩 먹도록 하게 한 후 점차적으로 섭취하는 양을 늘려가면서 성취감을 느낄 수 있도록 해주는 것이 좋다. 영유아의 편식행동의 개선은 단기간에 변화하기 힘든 문제이므로 부모가 포기하지 않고 끝까지 노력을 기울이는 것이 중요하다.

④ 식사 전 간식을 피한다. 식사시간 직전에는 간식을 먹지 않도록 하는 것이 좋다. 영유아가 달콤하거나 자극적인 맛의 간식에 길들여질 경우 영유아의 편식이 더욱 심해질 수 있고, 다양한 맛에 대한 감각을 잃을 수 있기 때문이다. 만약 영유아가 간식을 너무 먹고 싶어 한다면, 식사를 마친 후 소량을 섭취할 수 있도록 미리 약속한 후에 줄 수 있다.

⑤ 식사시간이 가족과 함께하는 즐거운 시간이 되도록 하고, 부모나 가족의 편식 습관을 고친다. 가족이 함께 즐거운 이야기를 나누면서 식사를 함으로써 영유아는 식사시간은 즐겁고 신나는 일이며, 가족과 함께 하는 중요한 시간이라는 것을 알게 된다. 또한 식습관은 부모나 형제들의 행동이 모델이 되어 영유아

가 배울 수 있으므로, 가족구성원이 편식습관을 가지고 있다면 가족들의 편식 습관을 먼저 고쳐서 영유아에게 바람직한 모델이 되는 것이 중요하다.

⑥ 영유아가 싫어하는 음식을 먹도록 잔소리하거나 강요하거나, 영유아를 따라다니면서 먹이는 것은 피해야 한다. 영유아가 싫어하는 음식을 먹도록 하기 위해서 잔소리를 하거나 강요를 하는 것은 영유아에게 스트레스를 유발하고 오히려 편식하는 습관을 강화하는 원인이 될 수 있다. 따라서 영유아가 식사시간을 부정적인 시간이 아닌 즐겁고 편한 시간으로 인식할 수 있도록 해주는 것이 바람직하다. 또한 영유아를 따라다니면서 떠먹이는 행동은 싫어하는 음식을 더 혐오하게 할 수 있고, 잘못된 식습관을 더욱 강화시킬 수 있다. 영유아가 먹을 수 있는 만큼의 식사만 제공하고 영유아가 거부하거나 투정을 부릴 경우에는 식사를 과감하게 치우는 것이 바람직하다.

7. 성에 대한 호기심이 있는 경우

Q 만 5세 남아로 친구들이 소변을 볼 때 엉덩이를 보려고 하거나 화장실 칸막이 위로 훔쳐보는 행동을 합니다. 이런 경우, 어떻게 아이의 행동을 지도할 수 있을까요?

1) 주요 원인

① 발달적으로 4~5세 시기는 프로이트Freud의 심리성적 단계의 '남근기'로 남자와 여자라는 인식에 대한 구별을 하게 되며, 성에 대한 관심이 상당히 많아지기 때문에 흔히 치마를 들추거나 화장실 엿보기와 같은 행동이 나타나기도 한다.

② 주변에 성적인 자극이 많은 환경에서 자라고 있는 경우 성적으로 조숙하거나 성적 흥미가 강하게 나타날 수 있다. 그러나 단순한 흉내라든가, 놀이, 장난으로 하는 일시적인 행동은 다른 놀이에 에너지를 돌림으로써 자연스럽게 없어지기도 한다.

③ 교사나 부모가 영유아의 성에 대한 궁금증이나 행동에 대해 편안하게 들어주

기보다, 부적절하게 생각하거나 억압할 경우에는 성에 대한 부적절한 인식이 생겨날 수 있다.

2) 바람직한 지도방안

① 평소에 성에 대해 자연스럽게 이야기하여 긍정적인 성 인식을 갖게 한다(도현심, 2012). 부모의 입장에서 자녀가 성적인 장난을 한 경우 흥분하기 쉽다. 그러나 지나치게 민감한 반응은 성에 호기심을 나타내는 영유아에게 성에 대한 부정적인 인식을 줄 수 있다. 또한 평소 무관심한 부모가 성에 호기심을 나타내는 영유아의 행동에 대해서만 민감하게 반응을 하면, 영유아는 성에 대한 관심은 부정적인 것이라고 인식할 수 있다. 따라서 성에 대해 궁금해하면서 질문을 할 때는 "너의 생각은 어때?"라고 영유아가 물어본 의도와 더불어 이들의 생각을 듣는 것이 필요하다. 그리고 영유아가 궁금해 하는 내용에 대해 편안한 자세로 영유아의 수준에 맞게 설명해 주는 것이다. 혹 이와 관련해서 적절한 답을 찾을 수 없을 경우, "선생님이랑또는 엄마랑 이 부분에 대해서 책을 찾아볼까?"라고 말하는 것도 도움이 된다. 평소에 성이란 소중하고 사적인 것이며, 언제든 편하게 물어볼 수 있는 부분이라는 인식을 심어주는 것이 필요하다.

② 영유아가 왜 그런 행동을 했는지 물어보고 간단하고 쉬운 말로 설명해준다. 영유아를 위한 성교육은 남성과 여성의 신체구조의 차이를 알게 하는 것부터 시작할 수 있으므로 지나치게 구체적이고 자세하게 설명하기보다는 간단하고 쉬운 말로 설명해준다. 먼저 왜 친구의 바지를 내리는지, 화장실을 엿보는지를 자연스럽게 물어보고, 궁금증에 대하여 영유아가 이해할 수 있도록 간단하고 쉬운 말로 설명해 주는 것이 필요하다. 이때 그림책이나 주변 경험들을 이용하여 효과적으로 설명하도록 한다.

③ 영유아가 성에 관한 호기심을 나타낼 때, 영유아의 수준에 맞게 성교육을 해야 한다. 영유아가 치마를 들추거나 신체 부위를 보고자 하는 것은 자신과 다른 사람의 신체에 관심을 가지고 있고 궁금증을 가지고 있기 때문이다. 이러한 행동이 나타났을 때 단순히 혼을 내거나 하지 말라고만 한다면, 영유아는

자신의 생각에 대해서 죄의식을 가지게 되거나 은밀히 보려고 하게 된다. 신체와 성에 대한 관심은 자연스러운 것임을 알려주고 이에 대한 올바른 지식을 알려주어야 영유아는 건강한 신체에 대한 인식과 성의식을 갖게 될 것이다. 따라서 교사나 부모는 당황해 하지 말고, 편안하고 사실적인 방법으로 영유아의 수준에 맞도록 성교육을 실시할 수 있도록 한다. 혹, 가정에서 부모 중 한 명에게 영유아가 질문했을 때, "나중에 크면 알게 될 거야." 또는 "아빠또는 엄마에게 가서 물어봐."와 같은 대답은 영유아의 부적절한 호기심을 더욱 증폭시킬 수 있다.

④ 교육과정을 통해 우리의 몸에 대해 자연스럽게 이해하도록 한다. 교사는 자연스럽고 편안한 방법으로 자신의 신체에 호기심을 가진 영유아에게 신체가 어떤 모습인지 알려줄 수 있는 기회를 제공한다. 성교육 교구 중 신체 인형을 이용하는 방법과 동화책 등을 이용하여 우리의 몸은 각자 다르지만 소중하고, 사적인 것이라는 것을 알려준다.

⑤ 할 수 있는 행동과 할 수 없는 행동에 대해 알려준다. 성은 소중하고 사적인 것이므로 함부로 이야기하거나 다루어서는 안 된다는 사실을 알려주어 치마를 들추거나 바지를 내리는 등의 행동은 하지 않아야 한다고 알려준다.

⑥ 가정에서 부모가 할 수 있는 구체적인 내용을 알려줄 필요가 있다. 만 3세 유아기로 접어들면, 이성의 부모가 아닌 동성의 부모가 목욕을 시켜야 하며, 가능하다면 부모와 함께 자던 잠자리를 분리하는 것이 필요하다. 또한 가정에서 부모가 벌거벗은 몸으로 다니는 것은 영유아의 성교육에 바람직하지 못한 역할을 제공하게 되기에 주의할 필요가 있다.

Reference

참고문헌

국내문헌

강현경, 조형숙(2011). 유아의 문제행동 지도과정에서의 원장의 어려움 및 바람직한 역할 모색. **유아교육연구, 15**(6), 353-376.

고재욱(2012). 보육교사의 감정노동 해소에 관한 연구. **보육행정연구, 16**(2), 271-294.

교육과학기술부(2011). 유치원 기본과정 내실화를 위한 인성교육프로그램. 교육과학기술부.

교육부, 한국연구재단(NRF)(2015). NCS(국가직무능력표준) 기반 교육과정 가이드라인.

구선라(1999). 연령과 성별에 따른 교사-유아관계와 유아행동연구. 동아대학교 교육대학원 석사학위논문.

권정윤(2010). 유아교사의 정서지능과 정서노동 및 직무스트레스와의 관계. **유아교육연구, 30**(6), 269-289.

근로복지공단(2016). 2016 직장어린이집 운영관리.

김병진(2008). 홀랜드식 검사에 의한 직업 유형 일치정도와 직무만족 및 직무성취와의 관계. 충남대학교 대학원 박사학위논문.

김석우(2009). **교육평가의 이해**. 학지사.

김선영, 서소정(2010). 유아 교사 효능감 척도 개발 연구. **아동학회지, 31**(4), 91-110.

김선영, 이지영(1996). 유치원 교사의 MBTI 성격유형과 직무스트레스와의 관계. **미래유아교육학회지, 11**(3), 305-330.

김승인(2002). 유아교육기관의 교직선택동기와 직무만족도와의 관계. 한국외국어대학교 교육대학원 석사학위논문.

김종한(2011). 부모교육 요구조사 관련 논문 내용 분석. **한국산학기술학회논문지, 12**(5), 2115-2123.

김주경(2003). 교사의 교직선택동기와 교직만족도의 관계. 세명대학교 교육대학원 석사학위논문.

김진희(2009). 채용 시기 및 선발기법에 따른 채용효과에 관한 탐색적 연구 : N사 사례를 중심으로. 서울시립대학교 대학원 석사학위논문.

김혜경(2012). 보육교사 적성검사도구 개발. 경희대학교 대학원 박사학위논문.

김혜경, 김홍은, 문혁준, 박은혜, 유애열, 임혜영, 장영희, 조혜진(2002). **영아 보육을 위한 지침서 제1권 영아의 발달 특성 및 지도**. 다음세대.

김희진, 이분려(1999). 유아교사의 교사효능감에 영향을 주는 교사 내 · 외적 요인에 대한 연구. **한국교사교육, 16**(1), 161-181.

김희태(2004). 유아교사의 갈등에 관한 질적 연구. **유아교육논집, 8**(2), 5-34.

데일리팝, 2015년 11월 6일 인터넷 신문기사. "사각지대에 놓인 '보육교사 그들이 알고 싶다', 열약한 근무환경, 최저임금 수준의 낮은 급여."

도현심(2012). **첫 부모역할 책**. 지식채널.

류동훈(2004). **교사론**. 창지사.

류민영(2013). 유아교사의 자아개념과 교사효능감이 교사-유아 상호작용에 미치는 영향. 성신여자대학교 대학원 석사학위논문.

류진희(2000). **유아교사를 위한 교육실습과 교육활동**. 양서원.

문혁준, 김경희, 김영심, 김혜연, 배지희, 서소정, 안효진, 이경열, 이미정, 이희경, 조혜정(2010). **유아교사론**. 창지사.

문혁준, 안효진, 김경희, 김영심, 김정희, 김혜연, 배지희, 서소정, 이미정, 이희경, 조혜정, 한민경(2011). **보육교사론**. 창지사.

문혁준, 안효진, 김경희, 김영심, 김정희, 김혜연, 배지희, 서소정, 이미정, 이희경, 정다운, 조혜정(2014). **보육교사론**. 창지사.

민성혜, 신혜원, 김의향(2015). **보육교사론**(제3판). 양서원.

박선해, 김미정(2015). **보육교사론**. 공동체.

박수경(2013). 보육교사 적성과 보육교사 효능감 간의 관계에서 심리적 안녕감의 조절효과. 중앙대학교 대학원 석사학위논문.

박은혜(2011). **유아교사론**. 창지사.

박은혜, 곽아정, 김난실, 김현주, 김희진, 유청옥, 이혜경(2014). **유치원 교사를 위한 교직실무**. 창지사.

박준영(1995). **John Dewey의 교육사상**. 경성대학교 출판부.

박현옥(2016). 보육교사가 지각하는 원장의 서번트 리더십과 보육교사의 직무만족도 간의 관계 : 교사효능감의 매개효과. 경희대학교 대학원 석사학위논문.

박혜경(2010). 교육실습을 통해 살펴본 예비교사 갈등의 경험. **아동교육, 19**(2), 103-113.

배지희, 이윤영, 조연경(2013). 유아의 문제행동과 관련된 부모면담에 대한 유아교사들의 인식과 경험. **유아교육연구, 33**(5), 89-114.

백영숙(2013). 보육교사의 직무스트레스와 이직의도의 관계에 미치는 개인적, 환경적 보호요인의 조절효과 연구. 숙명여자대학교 대학원 박사학위논문.

백은영(2004). 유치원 교사의 성격특성과 갈등관리특성과의 관계. 한국교원대학교 대학원 석사학위논문.

백은주, 조부경(2004). 유치원 교사의 전문성 발달 수준 자기 평가도구개발. **유아교육연구, 24**(4), 95-117.

법제처 국가법령정보센터(http://www.moleg.go.kr)

보건복지부(2016). 2016 보육사업안내.

보건복지부(http://www.mohw.go.kr/)

서문희, 이미화, 임승렬, 조부경(2005). 한국 유치원/보육교사교육의 역사와 미래 : 유아교육·보육의 질적향상과 유아교사의 전문성 제고를 위한 교사교육. 한국 유아교육학회 2005 창립 30주년 기념식 및 정기 학술대회 자료집.

서정은(2015). 유아의 도전행동에 대한 보육교사의 지도전략과 직무스트레스, 자아존중감, 영유아인권인식 관계 연구. 숙명여자대학교 대학원 박사학위논문.

서정임(2000). 어린이집의 질과 교사의 교사효능감 간의 관계. 원광대학교 대학원 석사학위논문.

성미영, 김진경, 서주현, 민미희, 김유미(2015). **보육교사론**. 학지사.

성은숙(2013). 보육교사의 개인적 자질과 직무만족도가 보육교사-영아와의 애착에 미치는 영향. 수원대학교 대학원 석사학위논문.

송원영, 김지영(2009). **커리어 포트폴리오를 통한 대학생의 진로설계**. 학지사.

신광순, 유연옥(2016). 어린이집 유형과 보육교사 경력에 따른 직무만족도와 교사효능감의 관계. **한국사회과학연구, 35**(1), 115-141.

신은수, 우홍옥, 안부금, 안경숙, 김은정, 유영의, 김소향(2013). **유아교사론**. 학지사.

신혜영(2004). 어린이집교사의 직무스트레스와 효능감이 교사행동의 질에 미치는 영향. 연세대학교 대학원 박사학위논문.

안선희(2013). 교사-유아관계의 질과 교사-유아 상호작용 및 유아의 기질과의 관계. **한국보육지원학회지, 9**(1), 281-299.

양다솜(2015). 유아의 기질, 정서조절, 유아-교사관계가 문제행동에 미치는 영향. 가톨릭대학교 교육대학원 석사학위 논문에서 수정.

양옥승, 임승렬, 박은혜, 조부경(1997). 유아교사 양성대학 평가. **한국교사교육, 14**(1), 30-56.

NCS 국가직무능력표준(http://www.ncs.go.kr)

연합뉴스, 2015년 7월 7일 인터넷 기사. "아동학대를 한 보육교사에 대한 처벌."

유수경(2011). 커리어 포트폴리오(Career portfolio)를 활용한 예비유아교사 전문성 강화프로그램 개발. **열린유아교육연구, 16**(5), 545-577.

유승연(2016). 시각적 내러티브(Visual Narrative)를 통한 유아 교사의 자아상과 철학적 사고의 변화과정에 관한 연구. **미래유아교육학회지, 23**(4), 171-198.

유주연(2016). 영아교사의 마음 읽어내기와 영아-교사 간 정서적 가용성의 양상 및 관계. 이화여자대학교 대학원 박사학위 청구논문.

유지민(1999). 어린이집 부모와 교사의 부모교육에 대한 인식 및 요구조사. 서울여자대학교 대학원 석사학위논문.

윤숙현(2009). 보육시설 예비교사의 보육실습 전후 자기평가에 관한 연구. **한국보육학회, 9**(3), 41-67.

윤지혜(2016). 실천적 지식형성의 장으로서보육실습 경험연구. 숙명여자대학교 대학원 교육대학원 석사학위논문.

윤희경, 임미혜, 김애옥, 이분려, 정미아, 고영희(2006). **현장 중심 유아교수학습방법**. 창지사.

이경민(2010). 유아교사 인성교육 세미나. 미간행.

이경화(2016). 보육교사의 교사효능감이 상호작용적 교수의도에 미치는 영향. 연세대학교 교육대학원 석사학위논문.

이명주(1984). 유치원 교사의 직무만족도에 관한 조사연구. 숙명여자대학교 대학원 석사학위논문.

이미화, 김경희, 김문정(2008). 육아지원인력의 재교육 실태 및 개선방안 연구. 육아정책개발센터.

이병재, 허현수, 김종규(2014). NCS기반 교육과정 개편을 위한 핵심실무 가이드. 한국표준협회(KSA), 인키움.

이상욱(2006). **21세기 유아교사론**. 창지사.

이선미, 이승미(2013). 영아교사의 정서노동이 교사-영아 상호작용에 미치는 영향 : 정서지능의 조절효과를 중심으로. **열린유아교육연구, 18**(6), 153-180.

이수진(2016). 유아교사인성과 교사 역할수행과의 관계. 우석대학교 교육대학원 석사학위논문.

이순형, 권기남, 김진욱, 민미희, 민미희, 김정민, 김은영, 이성옥, 정현심, 심도현, 안혜령(2015). **보육교사론**. 양서원.

이영미, 민하영(2011). 영유아보육/교육기관 교사의 표면적 정서노동과 직무소진 간 관계에서 시설장, 동료교사, 학부모의 정서적 지지의 효과. **한국보육지원학회지, 7**(1), 167–185.

이영훈, 주연희, 김성수(2013). **유아문제행동의 이해 및 지도**. 태영출판사.

이영희, 안현미(1997). 초등학교 상담활성화를 위한 조사연구. **서울교육대학교 학생생활연구, 23**(1), 65–89.

이운성(2012). 유아교사의 정서노동, 자아탄력성, 직무만족도에 관한 구조모형분석. 숙명여자대학교 대학원 석사학위논문.

이은화, 배소연, 조부경(1995). **유아교사론**. 양서원.

이종진(2015). 보육교사의 전문성 수준이 교사–유아 애착안정성에 미치는 영향 : 직무만족도의 매개효과. 경희대학교 대학원 석사학위논문.

이진숙(2001). 유아의 애착표상과 교사–유아관계 및 사회적 능력 간의 관계. 경희대학교 대학원 박사학위논문.

이현정(2006). 사립유치원 교사의 에고그램에 의한 성격유형과 역할수행인식과의 관계. 인제대학교 교육대학원 석사학위논문.

이희자, 함은숙, 김경의(2003). 보육교사의 교육신념과 교사효능감에 관한 연구. **한국영유아보육학, 32**(1), 169–189.

임부연, 김성숙, 송진영(2014). **유아교사론**. 양서원.

임승렬(2003). 유아교사의 자아상(self-image) 연구 : 보육교사를 중심으로. **덕성여대논문집, 32**, 121–141.

임승렬(2012). **보육실습**. 공동체.

임승렬, 김연미, 이은정(2014). **영유아교사를 위한 보육교사론**. 파워북.

장미아(1996). 교사의 직무스트레스와 대처방법. 이화여자대학교 교육대학원 석사학위논문.

전경아(2003). 유아의 또래관계 및 교사와의 관계가 사회적 능력에 미치는 영향. 전북대학교 대학원 석사학위논문.

전선영, 최혜순(2013). 원장의 리더십 및 보육교사의 심리적안녕감과 이직의도의 관계. **어린이미디어연구, 12**(1), 203–220.

전재선(2010). 유아교사 인성 자기평가도구 개발 및 타당화 연구. 성균관대학교 대학원 박사학위논문.

정현숙, 이지현, 임승렬(2002). 유아교사의 자아상 유형에 관한 연구. **유아교육학연구, 22**(4), 201–227.

조미영, 권경숙, 고경화, 박정빈, 심형진, 이은희, 조연경, 황인애(2016). **보육교사론**. 학지사.

조성연(2005). 보육교사의 직무만족도와 자기효능감. **교육과학연구, 36**(1), 81–104.

조성연(2006). 보육교사의 직무만족도와 직무스트레스 : 한국과 영국의 보육교사들에 대한 비교연구. **한국생활과학회 학술대회 자료집**, 163-164.

조정자(2012). 학부모의 유아교육기관 선택에 영향을 미치는 요인. 창원대학교 대학원 박사학위논문.

조주연, 백순근, 임진영, 여태철, 최지은(2003). 교직적성 · 인성 검사도구 개발연구. 교육인적자원부 교사교육프로그램 개발과제.

최영희(2015). 유아교사의 정서노동과 직무만족도가 심리적 행복감에 미치는 영향. **상담심리교육복지, 2**(2), 49-65.

최유현(2005). 포트폴리오를 활용한 대학 교과교육 수업 전략의 개발과 효과 : 질적 사례 연구. **한국실과교육학회지, 18**(1), 101-114.

한국보육진흥원(https://www.kcpi.or.kr/).

홍경자(2004). **청소년의 인성교육**. 학지사.

황정현(2008). 유치원 교사의 MBTI 성격유형에 따른 직무스트레스와 스트레스 대처방식. 명지대학교 교육대학원 석사학위논문.

국외문헌

Ashton, P. T.(1984). Teacher efficacy: A motivational paradicgm for effective teacher education. *Journal of Teacher Education, 35*(5), 28-32.

Bandura, A.(1986). Self-efficacy: Toward a unifying theory of behavioral change. *Psychological Review, 84*(2), 191-215.

Battacharyya, N. C.(1969). The concept of intelligence in John Dewey's philosophy and educational theory. *Educational Theory, 19.*

Beehr, T. A., & Gupta, N.(1978). A note on the structure of employee withdrawal. *Orgaizational Behavior and Human Performance, 21*, 73-79.

Birch S. H. & Ladd, G. W.(1997). The teacher-child relationship and children's early school adjustment. *Journal of school psychology, 35*, 1, 61-79.

Burk, K.(1997). Designing professional Portfolios for Change. Arlington heights, Illinois: IRI/Skylight.

Carroll, J. A., Potthoff, D., & Huber, T.(1996). Learning from three years of portfolio use in teacher education. *Journal of Teacher Education, 47*(4), 253-262.

Chang, C.(2002). Assessing and analyzing the effect of WBLP on learning process and achievements: Using the electronic portfolio for authentic assessment on University students' learning. In Proceedings of 14th ED-MEDIA 2002 World Conference on Educational Multimedia, Hypermedia & Telecommunications. Denver, Colorado.

Clement, M.(2002). What cooperating teachers are teaching student teachers about classroom management. *The Teacher Education, 38*(1), 47-62.

D'Arienzo, R. V.(1981). Stress in teaching: A comparison of perceived occupational stress factors between special education and regular classroom teachers. Unpublished Doctoral Dissertation. Auburn University.

Day, C.(2004). **열정으로 가르치기**. 박은혜, 이진화, 위수경, 조혜선 공역. 파란마음.

Degotardi, S., & Sweller, N.(2012). Mind-mindedness in infant chid-care: Association with early childhood practioner sensitity and stimulation. *Early Childhood Research Quarterly, 27*, 253-265.

Denham, C., & Michael, J. J.(1981). Teacher sense efficacy: A definition of the construct and a model for future research. *Educational Research Quarterly, 6*, 39-63.

Dewey, J.(1933). How we think. J. A. Boydston(ed.).(1986). John Dewey: The later works, 1925-1953. Vol. 8. Carbondale and Edwardsvill: Southern Illinois University Press.

Dewey, J.(1933). **사고하는 방법**. 임한영 역(1981). 법문사.

Faber, A., & Mazlish, E.(1980). *How to talk so kids will listen & listen so kids will talk*. NY: Avon.

Fields, M. V. & Fields, D.(2006). **아동생활지도-구성주의적 접근**. 이희영, 허긍희 공역. 21세기사.

Fischer, C. F., & King, R. M.(1995). Authentic assessment: A guide to implementation. California: Corwin Press, Inc.

Gibson, S., & Dembo, M. H.(1985). Teacher sense of efficacy: An important factor in school improvement. *The Elementary School Journal, 86*(2), 173-184.

Gorrell, J., & Hwang, Y. S.(1995). A study of efficacy among pre-service teacher in Korea. *Journal of Research and Development in Education, 28*(2), 101-105.

Grandey, A.(2000). Emotion regulation in the workplace: A new wat to conceptualize emotional labor. *Journal of Occupational Health Psychology, 5*, 95-116.

Hahn, L. E.(1980). Dewey's philosophy and philosophic method. J. A. Boydston(ed.) Guide to the work of John Dewey. Carbondale and Edwardsvill: Southern Illinois University Press.

Katz, L.G. & Goffin, S. G.(1990). Issues in the preparation of teacher of young children. In B. Spodek, & O. N. Saracho(Eds.), Early childhood teacher preparation(pp. 192–208). NY: Teachers colleague.

Kostelnik, M. J., Whiren, A. P., Soderman, A. K., & Gregory, K. M.(2009). **영유아의 사회정서발달과 교육**. 박경자, 김송이, 권연희, 김지현 공역. 교문사.

Landreth, L.(2002). *Play therapy: The art of the relationship*(2nd ed.). New York: Brunner Routledge.

Lazarus, R. S., & Folkman, S.(1984). Stress, appraisal, and coping. NY: Springer.

Mullin, J. A.(1998). Portfolio: Purposeful collections of student work. *New Directions for Teaching and Learning, 74*, 79–87.

Rahim, M. A.(1983). A measure of styles of handling interpersonal conflict. *Academy of management journal, 26*, 368–376.

Shulman, L.(1987). Knowledge and teaching: Foundations of new reform. *Harvard Educational Review, 57*(1), 1–22.

Spodek. B.(1985). *Teaching in the early years*(3rd ed.). New Jersey: Prentice Hall, Inc.

Suppal, P.(1997). Using the cargiver assessment scale. *Child Care Information Exchange, 25*(5).

Tschannen–Moran, M., & Woolfolk, H. A.(2001). Teacher efficacy: Capturing an elusive construct. *Teaching and Teacher Education, 17*, 785–805.

Venn, J. J.(2000). *Assessing students with special needs*. Upper Saddle River, NJ: Merrill.

Wilcox–Herzog, A., & Ward, S. L.(2004). Measering teachers' perceived interaction with children: A tool for assessing beliefs and intentions. *Early Childhood Resesarch in practice, 2*, 16.

Wiseman, D. L., Knight, S. K., & Cooner, D. D.(2005). *Becoming a teacher in a field–based setting*(3th). Belmont, CA: Thomson Wadsworth.

Yanny, N., & Shahar, G.(1998). Professional feelings as emotional labor. *Journal of Contemporary Ethnography, 27*, 346–373.

INDEX

찾아보기

저 자 소 개

이사라

이화여자대학교 대학원 아동학 박사
현재 세종사이버대학교 아동가족상담학과 부교수

이주연

미국 University of Wisconsin-Madison 아동학 박사
현재 전남대학교 생활복지학과 교수

박선영

이화여자대학교 대학원 아동학 박사
현재 충청대학교 아동보육과 교수

송승민

미국 Pennsylvania State University 유아교육학 박사
현재 수원대학교 아동가족복지학과 교수

문영경

연세대학교 대학원 아동학 박사
현재 대전대학교 아동교육상담학과 교수

김민정

이화여자대학교 대학원 아동학 박사
현재 남서울대학교 아동복지학과 교수

보육교사론

2017년 3월 2일 초판 인쇄
2017년 3월 6일 초판 발행

지은이 | 이사라 · 이주연 · 박선영 · 송승민 · 문영경 · 김민정
발행인 | 유제구
발행처 | 파워북
주 소 | 경기도 고양시 일산동구 호수로 358-25
동문굿모닝타워2차 529호
전 화 | (02) 730-1412
F A X | (031) 908-1410
등 록 | 1997. 1. 1 제 300-1997-13
편 집 | 북스북스(hynho3196@nate.com)

정가 20,000원
ISBN 978-89-8160-328-1 (93370)